Max Klim

COLEÇÃO VOCÊ E SEU SIGNO

Virgem

CIP-Brasil. Catalogação-na-fonte
Sindicato Nacional dos Editores de Livros, RJ.

Klim, Max
K72v   Virgem / Max Klim. – 3ª ed. – Rio de Janeiro:
3ª ed.   Nova Era, 2008.
        .-- (Você e Seu Signo)

        Inclui bibliografia
        ISBN 978-85-7701-301-2

        1. Horóscopos. 2. Astrologia. I. Título. II. Série.

01-1366   CDD – 133.54
                             CDU – 133.52

Copyright © 2001 by Carlos Alberto Lemes de Andrade

Ilustrações de miolo e de capa: Thais Linhares

Todos os direitos reservados. Proibida a reprodução,
no todo ou em parte, sem autorização prévia por escrito da editora,
sejam quais forem os meios empregados.

Direitos exclusivos desta edição reservados pela
EDITORA NOVA ERA um selo da EDITORA BEST SELLER LTDA.
Rua Argentina 171 – Rio de Janeiro, RJ – 20921-380 – Tel.: 2585-2000

Impresso no Brasil

ISBN 978-85-7701-301-2

PEDIDOS PELO REEMBOLSO POSTAL
Caixa Postal 23.052 – Rio de Janeiro, RJ – 20922-970

Por toda uma saudade,
a Cláudia Beatriz, eterna presença.
E Marco Aurélio e Brunno Sérgio,
razão de vida, sonhos e esperanças...

Sumário

Prefácio 9

PARTE 1
Introdução 11

Os Astros Governam nossa Vida 13

Capítulo 1 — Os Astros e o Ser Humano 17
A influência dos astros 19
A polêmica das previsões 37

Capítulo 2 — A Astrologia sem Mistério 43
O horóscopo, uma distração 45
O enigmático zodíaco 47
Os signos 48
Termos-chave da astrologia 52
A natureza e a astrologia 63
A influência da Lua 66
Os elementos 68
Os decanatos 70
O que significam os planetas 72
O dia da semana 74
Os ciclos e eras astrológicos 76
  Era de Touro 78
  Era de Áries 80

8   MAX KLIM

Era de Peixes   82
Era de Aquário   85

PARTE 2

Capítulo 3 — Virgem 91
   Abertura   93
   Eu analiso...   95
   A personalidade virgiana   98
   Conceitos-chave positivos   111
   Conceitos-chave negativos   112
   Exercícios virgianos   114
   O homem de Virgem   115
   A mulher de Virgem   117
   O amor e o sexo em Virgem   120
   As combinações de Virgem no amor   123
   A saúde e o virgiano   128
   O trabalho virgiano   130
   Os muitos signos nos decanatos de Virgem   134

Capítulo 4 — O Temperamento 139
   O ascendente revela os seus segredos   141
   Como calcular o ascendente   143
     Tabela 1 — Horário de Verão   147
     Tabela 2 — Correção Horária   148
     Tabela 3 — Hora Sideral   149
     Tabela 4 — Signo Ascendente   150
   As combinações de Virgem e o ascendente   151
     Virgem com ascendente em: 152

Bibliografia 159
O Autor 163

Prefácio

Este livro nasceu de uma dúvida e muitas certezas. A dúvida a tive ao começar a escrever sobre astrologia há mais de trinta anos, como recurso jornalístico de necessidade editorial momentânea. As certezas vieram com a constatação de que muitas das coisas que aprendi em astrologia se materializaram em realidade que não havia como contestar ou negar.

À medida que o cético pesquisador se aprofundava no seu trabalho, muitas dessas verdades nasciam, reafirmando-me a crença de que não se tratava de mera coincidência a constatação de um enorme volume de dados sobre o temperamento humano, quando analisado sob a ótica da posição astral de alguns corpos celestes.

Não foi uma certeza de fácil absorção a quem se mostrava disposto a demolir mitos e desmanchar toda uma série de "crendices" que a arrogância do intelecto atribuía ao despreparo e à simplória ignorância. Obtive-a em meu próprio modo de ser e me comportar, quando me vi diante de inexplicáveis tendências e arroubos incompatíveis com um comportamento racional.

Nativo de Áries, tive em meu signo as respostas a dúvidas tais, a ponto de me aprofundar ainda mais na busca pela verdade que os astros encerram. E as encontrei em muito do que chamo de *astrologia de características*, o estudo mais sério e determinado daqueles que se interessam por desvendar os mistérios da natureza humana.

Tornar tudo isso acessível é a proposta deste trabalho, resultado de pesquisas e da busca incessante pela comprovação das mais diferentes teorias e conceitos. Fazer deste estudo uma ferramenta de ajuda aos outros foi o passo seguinte, natural e previsível.

PARTE 1

Introdução

PARTE I

Introdução

Os Astros Governam nossa Vida

As mais recentes pesquisas do telescópio Hubble mostram que existem no Universo mais de 250 milhões de galáxias com bilhões de sóis iguais ao nosso, o que revela a existência de um campo progressivo de força e energia, gerador de campos gravitacionais que interferem em todo o Universo. Se somos matéria, o que vale dizer, energia em determinado estado de vibração, não resta dúvida de que toda essa força existente no Universo há de interferir, de uma forma mais sutil ou mesmo em graus mais intensos, em nossa forma de ser.

Isso explica a astrologia e nos dá um caminho para entender por que seres de diferentes origens apresentam semelhanças em sua maneira de agir e de reagir, como se fossem guiados por uma mesma energia.

Quando dizemos que o nativo do signo de Virgem age de forma meticulosa e detalhista a ponto de dificultar sua visão do todo, do geral, como forma de expressão de sua maneira de ver o mundo estamos simplesmente afirmando que as pessoas nascidas no planeta Terra, quando ele se encontra, em determi-

14 MAX KLIM

nado ponto do espaço, recebem o mesmo feixe de influências geradas por esses milhões de galáxias que agem em conjunto na formação da energia que move o universo.

E isso se aplica a todos os signos, de forma quase exata, levando-nos à certeza de que os movimentos do planeta Terra em torno de si mesmo, circundando o Sol e se inserindo na evolução do sistema solar dentro da nossa galáxia, que também está em movimento, influenciam sistemas, planetas, continentes, mares, terra e gente... Não há como negá-lo.

Essa energia transmudada em matéria que forma nosso corpo é passível de influências externas, e nesse aspecto entram os conceitos de astrologia como forma de detecção de temperamento, personalidade e comportamento.

Analisando os signos, chega-se facilmente à conclusão da similitude de elementos entre os nativos de um mesmo período, como se todos os que nascem quando os movimentos de translação, rotação e da caminhada da Terra em direção a outro ponto da Via-Láctea absorvessem os mesmos dons e a mesma capacidade e debilidade.

Por isso, quando se recomenda, por exemplo, a um nativo de um signo um pouco mais de abertura em seus contatos humanos, toca-se em característica comum daquele signo que tem nas suas características a introversão; ou seja, a introversão, faz parte de um tipo específico de influência para os que nascem em um dado período — quando um planeta passa por determinada constelação. E isso se repete signo a signo, de uma forma impressionante.

Se há energia ou força cósmica gerando os mesmos elementos de influência, conhecê-los, dirigi-los e controlá-los é mudar nossa própria vida, buscando os pontos ideais que todos pretendemos em nossa existência com o emprego dessa mesma força e energia. E isso é possível...

O autoconhecimento é a ciência de nossos pontos mais fortes e das características mais frágeis de nosso temperamento e de nossa personalidade. Uma ciência que nos faz pessoas mais capazes por lidarmos com coisas que sabemos passíveis de mudança ou atenuação.

Isso vale tanto para a criatividade arietina, a segurança taurina, a indecisão geminiana, o isolacionismo canceriano, o exibicionismo leonino, o detalhismo virgiano, o equilíbrio libriano, o passionalismo escorpiano, o senso crítico sagitariano, as exigências capricornianas, os avanços aquarianos e o misticismo pisciano. Para todos os nativos de um determinado signo, os elementos são os mesmos e se repetem.

Cabe-nos dirigir nossas energias, conhecendo bastante nossos pontos fortes e fracos para saber o que fazer quando eles se manifestam. Isso nos torna pessoas mais perfeitas, embora não se pretenda, por impossível, remover-se traços de temperamento e caráter.

A astrologia é uma das mais perfeitas dessas ferramentas e podemos usá-la em todos os instantes em nosso cotidiano de trabalho, nos relacionamentos, nos projetos, em família, no amor e em tudo o que fazemos.

Não se usa a astrologia como forma mundana de adivinhação barata. Sem ser ciência, o estudo das influências dos astros sobre nosso temperamento é uma proposta de estudo em um campo que o ser humano ainda não conhece inteiramente. Um estudo válido e que pode nos tornar bem melhores do que somos.

Capítulo 1

Os Astros e o Ser Humano

...Ao derramar ao solo a semente, busque fazer com que o seu deus particular zele por ela e a faça brotar. Ore para Astatéia e observe as estrelas que dirão do tempo para sua colheita e o levarão à abundância e à fartura...

Conselho em tabuinha com escrita cuneiforme, do século VI a.C., descoberta em Beitsun, na Pérsia, atual Irã, em 1836.

A influência dos astros

A crença na influência dos astros sobre a nossa vida se perde no tempo. Desde que o primeiro homem observou o movimento das marés ou determinou a época mais conveniente para o plantio, associando-o às fases da Lua, muito se falou e se acreditou sobre a influência astral no comportamento do ser humano, na nossa forma de ser e até mesmo na determinação de nosso destino.

Hoje, até o mais descrente dos seres não deixa de reconhecer a importância da astrologia para muitas pessoas. E muitas delas nada fazem sem a consulta diária ao seu horóscopo. Milhões buscam avidamente as análises de mapas astrológicos que, sofisticados, se utilizam dos mais avançados recursos da tecnologia para analisar a influência dos planetas e corpos celestes sobre a vida humana.

Ainda que muitos não acreditem em previsões e mapas, e o façam com razão, pois em sua maioria eles são feitos de forma aleatória e sem a consideração ao fato de que o ser humano não vive só no mundo e que no nosso cotidiano somos parte de grupos, sujeitos à interação social, nos obrigamos a reconhecer que alguma coisa existe em torno do alto nível de acerto das análises astrológicas de temperamento e personalidade.

Por isso, a constatação de que existem análises com índices de acerto de mais de 70% quanto à característica dos analisados confere à astrologia de características um grau de acerto superior a muitas das chamadas "ciências". E, em razão disso, ela vem sendo usada, a cada dia com maior sucesso, nas mais diferentes atividades, para determinar as características de uma pessoa, suas tendências, qualidades e fraquezas.

Já se faz seleção de pessoal por astrologia, com análises que apontam aptidões e potencial, todas comprovadas na prática de grandes e pequenas empresas. Até mesmo na criminologia mais moderna realiza-se a análise do caráter de infratores com a determinação do mapa astral de suas características.

Em muitos países funcionam centros de investimento baseados em astrologia, o que vem confirmar seus estudos para a observação do comportamento do ser humano, suas características mais marcantes, seu potencial e seus pontos fracos e fortes.

Com isso, chegamos a ponto de poder afirmar, com certeza. que a astrologia, se usada como elemento auxiliar de auto-análise, vai permitir a uma pessoa conhecer-se melhor usando um dos mais populares e confiáveis elementos de auto-ajuda de que se tem notícia. E com a vantagem de ser um elemento acessível ao nível de cultura da maioria das pessoas. É

VIRGEM – COLEÇÃO VOCÊ E SEU SIGNO ♍ 21

lógico, sem a infalibilidade de ciência exata, mas como complemento a outras das chamadas ciências sociais. Um apoio importante para que passemos a nos ver de forma mais correta.

E isso pode ser avaliado pelo fato de que todo nativo de Áries, por exemplo, pode cometer erros pela sua costumeira e universal tendência à precipitação em algumas de suas atitudes. Quando fazemos tal análise, não estamos avançando sobre nenhum dogma da ciência ou da religião.

Na verdade, todo nativo do primeiro dos signos, o arietino, tem uma forte tendência a agir primeiro e pensar depois. A isso se chama precipitação, que, descontrolada, constitui uma forma destrutiva e negativa de comportamento. Uma vez que o arietino conheça dessa tendência e forma de comportamento, nada mais natural que controlá-la, agindo no sentido de utilizar-se de ajuda que pode ser fundamental em sua vida.

E os exemplos não ficam apenas por conta da maneira voluntariosa de ser do nativo de Áries. Todos os outros signos apresentam elementos comuns de deficiências e de qualidades que podemos controlar e moderar ou ampliar, fazendo-nos melhores diante de um mundo que busca a perfeição em todos os seres humanos, a ponto de torná-la compatível com uma era em que a competição alcança níveis exagerados.

Pensando nas 12 casas do zodíaco, e como antecipação da análise individual dos signos, podemos afirmar com segurança, à maneira do que fizemos com o nativo de Áries, que: todo taurino tem um comportamento teimoso e persistente que deve ser canalizado para aquilo que exige permanência; o nativo de Gêmeos mostra a curiosidade e a versatilidade que o fazem notável anfitrião e bem-sucedido profissional dos setores que exigem tais qualidades; o canceriano é maternal e intuitivo, fazendo disso base para atividades que exigem elementos fortes de apego à vida em família; o leonino, um ator em busca do aplauso de seu público, está sempre capacitado à liderança de grupos; o nativo de Virgem é o mais exímio dos profissionais pelo seu apego aos detalhes e sua capacidade analítica, e o libriano, encarnando o equilíbrio do centro do céu zodiacal, é o juiz mais criterioso e o mais judicioso dos julgadores. Assim, vale também para o nativo de Escorpião a afirmativa de que seu caminho se liga à investigação e à atividade criadora que exigem paixão; o sagitariano, sempre em busca da liberdade, melhor se dá em atividades que não tolham sua iniciativa; o capricorniano, sempre prático e tradicionalista, é capaz de enfrentar a mais repetitiva das tarefas sem esmorecer; e o aquariano, sempre visionário e adiante de seu tempo, é capaz de absorver avanços com a maior naturalidade, enquanto o nativo de Peixes se mostra um ser espiritualizado e introvertido, confiável para tudo o que exija moderação.

É claro que uma análise superficial não nos permitiria a exata definição do caráter e da maneira de ser de cada pessoa apenas com afirmativas simples como estas. Há sempre a necessidade de se aprofundar um pouco mais a análise para que descubramos, em cada um de nós, nosso potencial mais ampliado, nossas deficiências mais marcantes e nossas qualidades mais evidentes.

Isso pode ser feito no sentido de nos possibilitar um quadro completo de características que nos indicarão o melhor caminho a seguir em nossas vidas, eliminando inadaptações e inadequações de comportamento, superando frustrações e angústias e fazendo com que, nos conhecendo melhor, encontremos, senão a felicidade, um pouco mais de entendimento sobre alguns dos "mistérios" que cercam nossa forma de ser e agir e que, embora comuns a milhões de pessoas, ninguém até hoje conseguiu explicar com exatidão.

É na astrologia que podemos buscar a explicação de diferenças para personalidades e caminhos sólidos na profissão, nos relacionamentos pessoais e afetivos, na forma de reagir diante do mundo, na maneira com que recebemos a influência de nosso grupo ou que reagimos a essa influência. Tal explicação, quando feita com base técnica correta, nos permite olhar para nós mesmos e saber como levar o desafio que a vida nos oferece com maior tranqüilidade, maior aceitação e maior felicidade.

Conhecer-se pela astrologia é um processo de fácil assimilação e de resultados surpreendentes, como se pode constatar por aqueles que superaram falhas

24 MAX KLIM

graves em sua maneira de ser apenas conhecendo dessa característica ou tendência, evitando assim bons e grandes problemas.

A partir desta observação, se pode concluir que é possível e nos cabe controlar atributos próprios de nosso signo e superar obstáculos e empecilhos que, de outra forma, só conseguiríamos com muita luta e dificuldade. Os que tentaram comprovam a possibilidade de melhorar o desempenho profissional e pessoal pelo maior conhecimento da própria potencialidade. Uma potencialidade que, em última análise, é influenciada pelos astros.

Mas a experiência não vem apenas dessa simples constatação. Fatos ocorridos com pessoas cuja vida é de domínio público nos fazem aceitar a validade desse princípio. Os astros realmente marcam para cada uma delas elementos que são características definitivas em suas existências. Nomes e casos famosos ilustram essa conclusão e mostram de forma bem eloqüente que há alguma coisa específica que distingue tais pessoas.

♈ ÁRIES, O VENCEDOR:
O PÓDIO EM PRIMEIRO LUGAR

Sua busca pelo primeiro lugar o levou, de forma inevitável, ao mais competitivo dos esportes. A Fórmula 1 era o caminho natural do paulista Ayrton Senna da Silva, nascido às 02h35 do dia 21 de março

VIRGEM – COLEÇÃO VOCÊ E SEU SIGNO ♍ 25

de 1960, um arietino. Obcecado pelo primeiro lugar, inovador nas técnicas do automobilismo, pioneiro em muitas de suas iniciativas, ele jamais se contentou em ser segundo de alguém. Voluntarioso, independente, arrogante diante do adversário e generoso com os amigos, Ayrton soube canalizar a ânsia pela vitória e garra típicas de seu signo para uma atividade coerente com seu perfil astrológico. Até seu último momento de vida foi marcado pelo seu próprio signo, Áries. A morte na curva Tamburello, em Imola, na Itália, se deu exatamente por um acidente com o ponto fraco do organismo e da fisiologia do nativo de Áries, a cabeça.

♉ TOURO, COM OS PÉS NO CHÃO: UM TEIMOSO GENERAL

Aquela figura de guerreiro impressionava até mesmo o mais descrente dos inimigos. Adoentado, ele insistia em ir ao campo, na manhã fria de um final de abril de 1866. Não sem antes ser duramente criticado por seus próprios colegas generais em guerra no Rio da Prata. Era ele Manoel Luís Osório, um taurino nascido no Rio Grande do Sul, em 10 de maio, e considerado um dos maiores nomes na história das Américas em todos os tempos. Sua valentia, sua determinação e, mais que tudo, a persistência da busca de seus objetivos pessoais na vida militar e nas atividades civis eram marcas pessoais. Em campos de guerra, foi avaliado como um ser humano "teimoso como um boi empacado", pelo argentino Venâncio Flores, que o apontou como o maior general do hemisfério sul em todos os tempos. Em batalha, é ferido na região occipital (parte ínfero-posterior da cabeça), área de seu corpo governada por seu signo.

II GÊMEOS, A DUALIDADE: O PRESIDENTE E A CONTROVÉRSIA

Um homem feito para as grandes conquistas, um anfitrião que encantava a todos os que recebia, um curioso observador da vida e da gente, perspicaz e de gênio franco que dele fazia um político de reações súbitas e espontâneas. Assim era John Fitzgerald Kennedy, um geminiano nascido em 29 de maio, em uma família de origem irlandesa e católica, contradições geminianas na sociedade predominantemente puritana dos Estados Unidos. Kennedy se destacou como político pela sua imensa capacidade de vislumbrar todos os ângulos de uma questão. Com as virtudes de seu signo, por elas se perderia. Foi indeciso na tomada de decisões importantes na vida americana, titubeando quando do início da escalada da guerra no Vietnã e na questão da Baía dos Porcos, contra Cuba. Sua personalidade brilhante e presa ao *grandmonde* da Camelot dos sonhos americanos conquistou o mundo, e sua morte, na Helm Street, em Dallas, no dia 22 de novembro de 1963, transformou-se em uma das maiores polêmicas do século XX com as mais diferentes versões sobre um fato histórico para o mundo moderno. E aí cumpriu-se a sina dos nativos de seu signo: a polêmica até com a morte.

♋ CÂNCER, O NACIONALISTA: "ATÉ TU, BRUTUS?..."

Uma das maiores figuras da história, o imperador romano Caio Júlio César, nasceu no dia 12 de julho e sua vida e seus atos revelam bem as características do signo de Câncer. Nacionalista que conseguiu unificar e ampliar os domínios de Roma, o seu lar, sua casa, sua terra, foi responsável por grandes reformas na vida da maior civilização de seu tempo. Humanitário, maternal em seus sentimentos, era intuitivo e escreveu a história de sua época, com rara inventividade nas técnicas de guerra e na estratégia da conquista. O gênio militar, autor de momentos gravados para a posteridade, ao romper o *status* de um Império com o seu *alea jacta est* no Rubicão, na caminhada rumo ao poder com a volta a Roma, mostrou determinação para enfrentar o Senado todo-poderoso. O canceriano cumpria a sua sina. Extremamente apegado à família, era acusado pelos seus críticos de excessivo egoísmo. A conspiração para matá-lo, envolvendo seu filho adotivo Brutus, se materializou nas escadarias do Senado e o brutal ataque que o feriu seguidas vezes no peito e no estômago fez cumprir, no físico e nas circunstâncias da morte pelas mãos do próprio filho, a sina do canceriano.

♌ LEÃO, O CONQUISTADOR: DE POBRE A IMPERADOR

De origem duvidosa e humilde na Córsega, aquele militar que se alistou menino no Exército francês poucas chances tinha de galgar os degraus da fama e da glória. Mas Napoleão Bonaparte, o gênio que marcaria a história do mundo pela sua incontestável liderança, foi capaz de mudar seu destino e fazer com que da linha de frente na guerra contra o Egito chegasse ao Palácio de Versalhes, numa típica ação leonina. Nascido em 15 de agosto, de família pobre, com descendência incerta, sem nome e sem proteção, em uma ilha que não se considerava parte da França, a Córsega, era um ser fadado a liderar. Sua pequena estatura não evitava sua excessiva vaidade. Foi um gênio na arte de fascinar e comandar pessoas. Arrogante, criativo, romântico, chegou à crueldade e ao instinto ditatorial em determinados momentos de sua vida. Adorado pelos franceses, foi um ator de seu tempo à frente do palco do mundo à espera do aplauso. Morreu em 1821 de causa ainda não explicada, mas, que se suspeita, provocada por um veneno que procurava simular um ataque cardíaco. Foi, até na morte, um típico líder, nativo de Leão.

♍ VIRGEM, O DETALHISMO: A DAMA E O SEU MISTÉRIO

De sua pena surgiram os mais intrincados mistérios da novela policial em todos os tempos. Arguta observadora do caráter humano, capaz de identificar em minúcias aquele pequeno detalhe que aos outros passaria despercebido, Agatha Christie foi a típica virgiana, a mulher que simboliza o signo do relojoeiro, o profissional das peças pequenas, do cuidado, do estudo minucioso, perfeccionista acima de tudo. Considerada nos meios literários europeus uma operária das letras, era uma figura que os seus mais íntimos classificavam de extremamente exigente, misteriosa e de difícil contentamento. Agatha Christie encarnou por toda a sua vida, e como ninguém, o típico nativo de Virgem. Nascida em 15 de setembro, ela soube dar ao gênero que escolheu para suas criações literárias a persistência de tramas sempre detalhistas e intrincadas. Conquistou o mundo com suas surpreendentes histórias de mistério e suspense, fazendo do detetive Hercule Poirot, na verdade ela própria, o mais hábil dos investigadores, capaz, com sua habilidade, de desvendar segredos a partir das pequenas pistas, do detalhe quase despercebido, da pequena discrepância, num típico comportamento do nativo de Virgem.

♎ LIBRA, O EQUILÍBRIO:
A CONQUISTA PELA NÃO-VIOLÊNCIA

Seu nome tornou-se símbolo do equilíbrio entre a ação violenta e o pacifismo. Mahatma, ou "a grande alma", nome que seus contemporâneos lhe deram por seu prestígio e por sua importância histórica no mundo moderno, o indiano Mohandas Karamchand ficou conhecido por Mahatma Gandhi depois de lutar pela independência da Índia, enfrentando aquela que era então a maior potência colonial do mundo, a Inglaterra, apenas com seus irresistíveis apelos à política da não-violência. Todos os seus biógrafos são unânimes em reconhecer nesse advogado de formação européia, nascido em Libra, no dia 2 de outubro, de fala mansa e que insistia em destacar-se de seus pares pelas roupas simples e conduta controlada, a figura refinada de intelectual que esgrimia a palavra e as armas da política como ninguém. E ele acabou por se tornar símbolo de uma era. Preso oito vezes na sua luta contra o domínio britânico, nunca deixou de lado a diplomacia ao tratar com os dominadores de sua pátria. Era sociável até com os próprios inimigos e foi vítima de seus compatriotas nacionalistas. A sua morte, quando buscava a conciliação, revela um sentido bem próprio de Libra, o signo do diálogo e do entendimento nas mais difíceis situações.

♏ ESCORPIÃO, A DETERMINAÇÃO: O PASSIONAL REFORMISTA

Sua figura emerge da história com uma força inimaginável em nossos dias. Um simples monge se decepciona com a estrutura da Igreja Universal, dominante e todo-poderoso, se volta contra Roma e desafia o poder político secular e até mesmo os dogmas espirituais do catolicismo, colocando abaixo toda uma estrutura organizada em 1.500 anos de domínio quase inatacado em todo o mundo ocidental. O monge agostiniano Martinho Lutero é o típico nativo de Escorpião. Nascido no dia 10 de novembro, ele se prendeu à curiosidade investigativa natural de seu signo. E, nisso, foi além do admitido pelos dogmas religiosos da época ao combater indulgências que classificou de desvios na religião. E deu início a sua caminhada de reformador religioso. Passional, levou a extremos a sua campanha e, mais tarde, a sua própria vingança contra uma estrutura religiosa que o considerou herege e que, pela excomunhão, o afastou. Com ele, começou a reforma que deu origem ao protestantismo, fazendo dessa busca pela mudança a prática de outra das características do seu signo. Era uma figura realizadora que chegou quase à intolerância, impulsionado pela perseguição do poder católico da época.

↗ SAGITÁRIO, A LIBERDADE:
A MÃE DOS BRASILEIROS

De origem aristocrática, irmã de altos oficiais do Exército imperial, seu senso humanitário e ânsia por agir com total liberdade a levaram a uma das mais sangrentas das guerras do século passado, a Guerra da Tríplice Aliança, no Paraguai. Quando as mulheres se educavam e viviam apenas para o lar e o marido, Ana Justina Ferreira Néri, uma sagitariana nascida no dia 13 de dezembro, foi ao campo de batalha onde revelou os dotes que a fizeram uma das maiores personagens da vida sul-americana em todos os tempos. Generosa, mesclando a prática da religião com o assistencialismo desinteressado, ela se destacou de suas contemporâneas com a sua presença num teatro de guerra, onde a mulher era elemento estranho. Sua impaciência e o amor à natureza fizeram com que Ana Néri chegasse às mais avançadas trincheiras na linha de frente das batalhas em que, indiferentemente, prestava socorro aos soldados feridos e até a animais abatidos pela insânia da guerra. Presença constante, sempre atendendo todos que a cercavam com palavras de otimismo e confiança. Sua franqueza contra a política de guerra nem sempre agradou aos poderosos da época, mas, por isso mesmo, sua figura cresceu com atos de justiça e piedade, numa referência direta a dons tipicamente sagitarianos.

VIRGEM – COLEÇÃO VOCÊ E SEU SIGNO ♍ 33

♑ CAPRICÓRNIO, O TRABALHO: A MARQUESA DO LIBERALISMO

Seu papel na vida de um povo, ainda não devidamente valorizado na formação da política sul-americana, antecipou em um século e meio a presença da mulher na história. Por todas as suas ações, Domitila de Castro Canto e Melo, a marquesa de Santos, amante do imperador Pedro I, teve um papel fundamental no ânimo do jovem português que tornou independente o maior país do hemisfério. Perfeccionista, trabalhadora, prática na medida oposta à vida fútil e à ociosidade da corte brasileira, a marquesa, uma capricorniana do dia 27 de dezembro, tinha uma postura liberal e contribuiu para moderar a decantada impulsividade do jovem príncipe que se tornaria rei em dois mundos. Seu rigor e suas exigências, em um romance que venceu o tempo, controlou, sob o manto de uma discrição impensável para a então acanhada e pequena cidade que sediava a Corte, a mais importante figura da época no Rio de Janeiro. E seu romance mudou os rumos da política latino-americana no início do século. Dominadora e exigente ao extremo, era uma personalidade que impunha respeito aos nobres que freqüentavam a Quinta da Boa Vista, no tumultuado governo de Pedro I. Morreu aos setenta anos, com artrite e problemas reumáticos, outra das características capricornianas.

♒ AQUÁRIO, A REBELDIA: ESCÂNDALO NO PRIMEIRO MUNDO

Como todo nativo de Aquário, a jovem artista portuguesa que fez do Brasil a sua pátria e levou o ritmo brasileiro ao cinema em Hollywood, e daí a todo o mundo, era a típica figura da mulher adiante de seu tempo. Independente e individualista, Maria do Carmo Miranda da Cunha, ou simplesmente Carmem Miranda, nasceu no dia 9 de fevereiro. Sua agitada e curta trajetória de vida mostra bem as características de Aquário, seu signo. Temperamental e radical, chegou a extremos ao se apresentar em *shows* numa sempre inovadora *mise-en-scène* que chamava a atenção. Seus conceitos avançados a fizeram em uma dessas ocasiões, para escândalo e afronta à puritana sociedade norte-americana, se apresentar em público sem calcinha, num gesto que ganhou as colunas de mexericos e a colocou em confronto com os grandes da Meca do cinema. Incompreendida por seus contemporâneos, Carmem Miranda foi a menina rebelde de uma tradicional família lusitana que emigrou para o Brasil quando ela ainda era jovem. Aqui deitou raízes e se dedicou às artes, em outra das suas características aquarianas. Tinha problemas circulatórios que a levaram à morte, outra típica referência à influência de Aquário sobre nosso corpo.

VIRGEM – COLEÇÃO VOCÊ E SEU SIGNO ♍ 35

♓ PEIXES, A INTUIÇÃO: O PAPA DA MELANCOLIA

Sua figura expressa, na história do século passado, um dos ícones mais importantes da vida religiosa e da política internacional em todo o mundo. Eugênio Maria Giuseppe Pacelli, o papa Pio XII, foi o mais expressivo exemplo da figura do nativo de Peixes a ocupar o trono de Pedro, em quase dois milênios do catolicismo romano. Enigmático, introspectivo, místico, sua figura sempre foi cercada de uma aura de santidade que o tempo só fez por ampliar. E, além disso, tinha uma personalidade influenciável, demonstrada em suas atitudes nem sempre claras em tempo de guerra na Europa. De vida moderada quando ocupou a chefia da Igreja, não expressou por atos e gestos a sua nobre origem em uma das mais tradicionais famílias romanas. Simpático e emotivo, deixou marcas em muitas viagens quando ainda cardeal, época em que revelava um caráter sensível que lhe permitiu muitas vezes condoer-se diante da miséria e da pobreza. Foi acusado pelos seus críticos de tímido diante dos avanços do nazismo na Europa e do fascismo na Itália. Mostrou durante seu papado uma forte tendência à valorização do misticismo e sob ele a Igreja tornou públicas suas maiores preocupações com o psiquismo coletivo. Nascido no dia 2 de março, Pio XII encarnou o signo da própria religião que chefiou, Peixes.

Por todos estes 12 exemplos de figuras que ocuparam páginas de livros e jornais, nos mais diferentes períodos da história do mundo, pode-se garantir que há traços bem típicos a diferenciar as pessoas pelo signo em que nasceram.

Apesar disso, a simples determinação do signo solar, com referência ao nascimento de uma pessoa, não mostra todos os elementos que fazem a personalidade de um ser humano. Estes foram exemplos de figuras que encarnaram de forma notável as principais dessas características da influência do Sol em nossas vidas.

Mas o ser humano não é apenas o que diz seu signo solar, aquele que nos fala da individualidade do ser na sua formação. Dois outros elementos — o **signo ascendente** e o **signo lunar** — compõem de forma muito intensa a maneira de se mostrar, comportar e agir. O signo ascendente é determinado pelo planeta que sobe no horizonte na hora do nascimento de uma pessoa. Este "signo" nos diz do temperamento do ser, sua forma de absorver o que mundo lhe impõe e é calculado com base na análise, o mais exata possível, da hora e local de nascimento da pessoa (ver Capítulo 4).

O signo lunar, por sua vez, é determinado pela regência da Lua sobre uma casa específica na hora do nascimento. A Lua, em seu movimento em torno do nosso planeta, governa horas diferentes do dia e se posiciona diversamente nas 12 casas que representam os signos do zodíaco, daí a sua influência em

VIRGEM – COLEÇÃO VOCÊ E SEU SIGNO 87

casas que nem sempre coincidem com o signo solar ou o ascendente. O signo lunar governa a personalidade do indivíduo, a sua maneira de reagir diante do mundo. Sua identificação é feita por tabelas específicas que mostram astronomicamente o movimento da Lua no correr do dia do nascimento.

A polêmica das previsões

Os mais ácidos críticos da astrologia sempre reservam "exemplos" de previsões e análises feitas pelos mais diferentes "astrólogos" e que não deram certo, para atacar o estudo das influências astrais sobre nossa vida. É verdade que, todo ano, milhares de "iluminados" vão à televisão, aos jornais e revistas prever acontecimentos e desfiam um sem-número de indicações genéricas que, por vezes, coincidem com a realidade e, por outras, dela passam longe.

É a adivinhação que faz a alegria dos editores e atende à necessidade crescente do ser humano de esperar por "alguma coisa" que lhe mude a vida e o próprio amanhã.

A maioria dessas previsões são feitas com base em uma fórmula simples e colocadas, quase sempre, em torno de generalidades do tipo "os meios artísticos vão ser abalados no segundo semestre pela morte de uma figura notável que mudou os rumos do setor" ou, ainda, "a morte de uma figura de expressão pública vai chocar as pessoas e deixar um vazio na cena política". São previsões "certas", pois sempre há alguém morrendo que se enquadra nesse tipo de brincadeira.

Ao contrário disso, é evidente a constatação, pela astrologia, quando levada a sério, de que há coincidências na análise da personalidade de diversas pessoas que são do mesmo signo. Isso mostra que alguma coisa torna os indivíduos nascidos em determinado período sujeitos a uma força comum, que lhes dá algumas características semelhantes, passíveis de análise e medida.

Para corroborar esta afirmação, há um velho ditado chinês que nos diz que, "se o cavalo vence uma vez, a sorte é do cavalo; se ganha por duas vezes, há uma coincidência, mas, se vitorioso por três vezes, que se aposte no cavalo". A astrologia de características já provou que as coincidências não ficam apenas em três dos elementos do caráter e do comportamento de uma pessoa...

Na verdade, não se pode confiar em previsões como aquelas feitas genericamente e para divertir leitores na passagem do ano. Por não levar em conta a interação do ser humano com o seu semelhante, elas falham. Por isso, não há qualquer base de seriedade nessas previsões, pois os seres são influenciáveis pelo seu meio de vida e não existem isolados e sós no mundo.

As análises astrológicas de características, porém são diferentes dessas "brincadeiras". Características em comum existem e delas se demonstra o bastante para que possamos usá-las a nosso favor, dominando nosso caráter e nossa maneira de reagir, entendendo por que somos e o que somos e fazendo por onde canalizar nosso potencial em proveito próprio.

Isso fica bem claro quando consideramos que, mesmo o mais exato dos mapas astrais, jamais será capaz de prever exatamente todos os acontecimentos de nossa existência, como pretendem os adivinhos da astrologia. Quando elaboramos um mapa, não o fazemos em relação a nossas esposas ou maridos, nossos filhos ou pais, nossos colegas ou patrões, nossos vizinhos e conhecidos que, por suas ações, podem interferir no nosso dia.

Não há como prever, por exemplo, que teremos um dia favorável, para determinado signo, se essa análise não for feita também para aqueles que podem mudar o ânimo e as reações do nativo desse signo. Como exemplo, podemos lembrar o patrão que, num acesso de mau humor, pode despedir um funcionário apenas por seu estado de ânimo pessoal, fazendo daquele dia favorável nas previsões do horóscopo um inferno para seu subordinado. Se a previsão foi feita de forma otimista em termos genéricos, o ato negativo do patrão a colocou abaixo.

De nada adiantam as posições planetárias quando vistas apenas no ângulo de uma única pessoa, a não ser que ela vivesse em uma verdadeira "bolha" de tempo e espaço, completamente isolada do mundo exterior, em um ponto onde nem mesmo os fatores climáticos comporiam elementos externos a influenciá-la.

Assim, não é possível fazer previsão genérica para todos os nativos de um mesmo signo, a não ser numa forma de divulgação da astrologia como entretenimento e uma forma de conselho para comportamento.

Mesmo assim, desde a mais remota Antigüidade, o ser humano relata influências dos astros sobre a sua vida. Todas as civilizações fizeram um registro desse tipo de influência, e isso nos vem desde as primeiras formas escritas. No antigo Egito, nas histórias de faraós e nobres, gravaram-se em hieróglifos, em tumbas funerárias, a crença nos astros.

Da mesma forma, nas tabuinhas de argila na Mesopotâmia, há o relato de experiências e costumes dos povos que usavam os astros como forma de determinação dos atos de nobres e governantes. Daí a referência de abertura neste capítulo à tabuinha de Beitsun, no atual Irã, onde já se registrava a invocação das estrelas para que a deusa Astatéia protegesse a colheita.

É cientificamente certa a influência lunar sobre as marés, a menstruação e o ciclo de crescimento das plantas. Da mesma forma, sabe-se da influência das explosões solares sobre o sistema nervoso do ser humano. E, hoje, se discute em psiquiatria, validamente, a influência do movimento da Terra sobre os surtos psicóticos.

Mas o que dizer de outras influências? Vênus seria mesmo o planeta do amor, na lembrança da mitologia e das crenças de gregos e romanos? Marte nos diz da guerra como o queriam os antigos? Qualquer que seja a resposta, ela vai se referir apenas a uns poucos planetas que compõem nosso Sistema Solar e o seu movimento em torno da Terra.

Marcada em símbolos os quais chamamos planetas, trânsitos, aspectos e posições, a astrologia reflete uma certeza: há uma influência universal sobre os seres vivos e ela segue um padrão de tempo e espaço que nossas convenções denominaram planetas e os inseriram num círculo de 12 períodos no que hoje conhecemos como "zodíaco". Por meio dessa influência, nos é possível desenvolver um processo de autoconhecimento e avaliação da nossa forma de ser, para melhor enfrentarmos a vida e os desafios que ela nos oferece.

Capítulo 2

A Astrologia sem Mistério

A astrologia ocidental — pois a astrologia existe também no Oriente com outros nomes, denominações e conceitos — adotou da astronomia comum a maior parte dos termos que emprega. Os mais usuais, e que ouvimos com maior freqüência entre os leigos e estudiosos, são expressões que podem ser facilmente explicadas sem as dificuldades habitualmente encontradas por aqueles que buscam a interpretação de mapas em análises mais profundas.

A terminologia usada por grande parte de astrólogos, horoscopistas e analistas quase sempre se fecha em conceitos que tornam impossível às pessoas comuns conhecer aquilo de que se fala. Mas, na verdade, a astrologia é um estudo bem simples e está ao alcance da maioria das pessoas.

Para essa interpretação mais singela e direta dos conceitos da astrologia, entre expressões e termos específicos, selecionamos aqueles que dão uma visão mais abrangente desse estudo tão fascinante quanto útil.

O horóscopo, uma distração

Há milhares de pessoas que não saem de casa sem abrir o jornal na página da previsão astrológica e ali consultar o seu horóscopo, num costume que se difundiu mundo afora e hoje é hábito para boa parte da população. Mas se o horóscopo ganhou importância, isso também levou a alguns exageros, como o que é cometido pelas pessoas que passam a dirigir suas vidas apenas pela leitura ou interpretação do horóscopo diário.

Isso pode ser medido pelo volume da correspondência encaminhada aos horoscopistas dos jornais e emissoras de rádio, verdadeiramente impressionante tanto por seu número quanto pelo grau de confiança que as pessoas manifestam por esses profissionais em suas cartas. Pesquisa de opinião pública realizada por um grande jornal brasileiro apontou o horóscopo diário como a terceira coluna mais lida em suas edições, o que representa uma responsabilidade muito grande para os profissionais que, elaborando horóscopo, praticamente jogam com a vida de pessoas.

O que mais impressiona, no entanto, não é esse alto interesse e o volume da correspondência. Na realidade, chama atenção o nível intelectual e social dos autores dessas cartas que mostram, na sua maioria, pertencer às camadas mais altas da população. São profissionais liberais, pessoas de cultura acima da média, todas interessadas em buscar orientação e explicações para o seu cotidiano, suas inquietações e um pouco mais de esperança para o seu próprio futuro.

O horóscopo é, numa conceituação mais objetiva, segundo definição do pesquisador norte-americano

VIRGEM – COLEÇÃO VOCÊ E SEU SIGNO ♍ 47

Dal Lee, "a carta de observação da hora", e serve de indicador da hora do nascimento de uma pessoa e sua posição dentro de um determinado quadro de visão estelar indicado pela posição dos planetas no zodíaco. Hoje, o horóscopo se confunde com a própria astrologia, tal foi a sua difusão no mundo ocidental.

Diariamente, são publicados milhares de previsões que, na verdade, significam apenas entretenimento, sem maior responsabilidade com a exatidão de seus conselhos e conclusões. Linda Goodman, no livro *Seu futuro astrológico*, diz que o horóscopo é "uma fotografia da posição exata de todos os planetas no céu na hora de seu nascimento, formada por cálculos precisos e matemáticos", definição também sustentada por Frances Sakoian e Louis S. Acker, em *O manual do astrólogo*.

Em resumo, pode-se dizer que horóscopo é a carta de características ou previsões baseada na hora e data de nascimento de uma pessoa.

O enigmático zodíaco

Originária dos estudos dos povos da Mesopotâmia que há cinco mil anos já conheciam as suas bases, ainda que de forma incipiente, a astrologia ganhou importância entre os caldeus, assírios e sumérios, povos que deram ao estudo dos astros e à sua influência um caráter mágico e bases que o tornavam uma verdadeira "ciência", à época.

48 MAX KLIM

Vem daí a concepção moderna de zodíaco, nome dado pelos gregos ao círculo planetário que determinava os períodos e eras nos quais se baseavam os estudos dos povos mais antigos. Na época, os gregos chamaram "roda dos animais" ou "zodíaco" essa figura que retrata as 12 constelações pelas quais o Sol passa em seu movimento anual pela Via-Láctea.

Essa noção do zodíaco nos mostra um círculo com 12 divisões ou casas, estabelecidas ao longo da eclíptica, que é como se denomina esse movimento solar. Cada uma das 12 divisões se constitui num signo, ou seja, um período que compreende trinta graus do círculo e se aproxima do mês no calendário comum.

A primeira divisão inicia-se habitualmente em 21 de março, o primeiro dia do ano astrológico. Os signos do zodíaco seguem ordem crescente a partir de Áries até Peixes. Essa divisão serve para todos os estudos astrológicos mais aprofundados, situando o nascimento de uma pessoa num determinado espaço de tempo e vinculando-o ao movimento do Sol.

Os signos

Divisões do zodíaco, os signos receberam nomes de constelações conhecidas na Antigüidade e foram agrupados em períodos de trinta graus em média, cada grau representando um dia. Com nomes usados à época, os signos acabaram por receber no Ocidente os nomes gregos ou seus correspondentes em Roma.

VIRGEM – COLEÇÃO VOCÊ E SEU SIGNO ♍ 49

Eram denominações comuns a constelações conhecidas desde a Antiguidade: Áries, Touro, Gêmeos, Câncer, Leão, Virgem, Libra ou Balança, Escorpião, Sagitário, Capricórnio, Aquário e Peixes.

Agrupados por elementos — os quatro fundamentais na vida: fogo, terra, ar e água —, os signos foram divididos em três grupos para cada um desses elementos que representam as formas de energia que constituem a base da vida na Terra.

São do elemento fogo: Áries, Leão e Sagitário. Do elemento terra, Touro, Virgem e Capricórnio; do ar, Gêmeos, Libra e Aquário; e da água, Câncer, Escorpião e Peixes. Essa vinculação dos signos aos quatro elementos é de fundamental importância para a análise das características individuais das pessoas.

Os signos são também classificados por sua vibração nos elementos: ígnea, terrestre, aérea e aquosa. Assim, passam a governar o comportamento humano mantendo uma vinculação estreita com as características desses elementos.

Dessa forma, pode-se dizer em relação a cada um dos grupos de signos: os de fogo nos falam dos conceitos de "construção do mundo", pois criar e construir são as bases de Áries, Leão e Sagitário. O nosso "destino como espécie" se refere aos signos da terra — Touro, Virgem e Capricórnio. O "temperamento" do ser humano é vinculado diretamente aos signos do ar — Gêmeos, Libra e Aquário. Os três que compõem o grupo de signos da água: Câncer, Escorpião e Peixes dizem de nosso "caráter".

50 MAX KLIM

Por sua ligação com os elementos vitais de todos os seres, a astrologia nos revela que a posição dos astros e sua influência na natureza moldam ou governam, de forma quase determinante, as características dos seres humanos. Na verdade, muito do que somos devemos ao elemento que agrupa nosso signo, e isso é bem fácil de constatar:

Signos do fogo — Representam na vida terrena a luz, o brilho, o calor e a secura, além de dispersão, fervor, dominação, audácia, agressividade, mobilidade e tudo o que se refere ao fogo como base da vida humana.

Vinculados à história da própria espécie humana, esses signos falam da criação, buscando paralelo entre a origem na bola de fogo que era a Terra em sua origem. Por isso, se diz que Áries é um signo criador, explosivo e temperamental. Que Leão é exibicionista, realizador, quente e explosivo, e que Sagitário é libertário, natural, pouco comedido e brilhante.

Signos da terra — Resultado do esfriamento da crosta do planeta, o elemento terra nos mostra o que é concreto, palpável, petrificado. Lembra a rigidez, a constância, a laboriosidade, a prudência, a dúvida, a fecundidade, a secura e a absorção, todos conceitos ligados às características de nosso próprio planeta, um corpo estelar que se solidifica com o esfriamento e a constância de seu movimento pelo espaço.

Daí a conceituação de que os nativos dos três signos deste elemento são os mais realistas dos seres humanos. Touro é lento, comedido, parcimonioso, constante e teimoso. Virgem é detalhista, sensível, sóbrio, escrupuloso e racional e Capricórnio nos mostra persistência, determinação, aceitação e severidade.

Signos do ar — Fluido e etéreo, o ar nos passa sempre a impressão de elemento úmido, instável e pouco palpável, representando os aspectos mentais e intelectuais do ser humano, suas idéias, pensamentos e conceitos. Por isso, o ar, terceiro dos elementos da natureza, nos leva à euforia, ao equilíbrio, ao humor, à instabilidade, à sutileza e à adaptação.

Os atributos humanos relacionados aos sentimentos vinculam-se a essas características. Mutável por ser elemento gasoso, o ar transmite aos signos o caráter etéreo e sonhador. Assim, se diz que Gêmeos é inquieto, curioso, dúbio, agitado e mutável; que Libra é equilibrado, harmônico, conciliador e pacífico e que Aquário é sensível, inventivo, fantasista e idealista.

Signos da água — Suave, receptiva, moldável e aderente, a água, quarto dos elementos que formam a natureza terrestre, dá aos signos que agrupa os elementos próprios de sua constituição. Vital para a sobrevivência dos seres vivos, está ligada aos sonhos, fantasias, desejos, emoções, família, origens e à criação quando vista pelo ângulo sexual.

Isso explica por que Câncer lembra fecundidade, memória, inteligência sensorial e imaginação. Escorpião é a representação dos instintos, sexo, indisciplina e violência, e Peixes nos mostra o lado místico, mediúnico, a bondade e a compaixão nos seres humanos.

Termos-chave da astrologia

A astrologia emprega algumas expressões que fazem parte do nosso vocabulário cotidiano, porém, conferindo-lhes um sentido diferente. Isso caracteriza a astrologia como estudo autônomo e torna importante o seu conhecimento para que possamos definir melhor as nossas próprias concepções sobre essa área:

Arietino — Diz do nativo de Áries. Popularmente, é empregada a denominação "ariano" para o nativo do signo, termo que, no entanto, designa a pessoa da raça ariana e não aquela que nasce entre 21 de março e 20 de abril.

Arquétipo — O conceito de arquétipo foi introduzido na astrologia pelo psicanalista Carl Gustav Jung. Para essa figura fundamental na psicanálise, "os planetas são arquétipos para a raça humana e todos nós reagimos a eles de modo semelhante, embora diferente no que diz respeito a detalhes". Diz a história que Jung só analisava seus pacientes após fazer o mapa astral de cada um deles.

Ascendente — Ascendente é a característica do signo determinada pelo planeta que, no momento do

VIRGEM – COLEÇÃO VOCÊ E SEU SIGNO ♍ 53

nascimento de um indivíduo, ascende ao céu na linha do horizonte. Para encontrá-lo, é essencial conhecer com exatidão a hora do nascimento, com diferença máxima de alguns minutos. O mapa astral de uma pessoa é determinado por três quadros diferentes: a *individualidade*, fixada pelo Sol no dia do nascimento; a *personalidade*, governada pela Lua na data em que a pessoa vem à vida; e o *temperamento*, que é determinado pelo signo ascendente. O ascendente é o fator pelo qual a pessoa revela o seu "ego".

Aspectos — Os aspectos são as posições de planetas nas casas de um mapa astral e, por isso, fundamentais na análise astrológica das características de uma pessoa. Eles são denominados de acordo com a figura geométrica que formam no mapa, uns em relação aos outros. O mapa tem a forma circular e é dividido em 360 graus, que representam os doze signos e as doze casas do zodíaco. Quando encontramos um planeta ou corpo celeste em um determinado lugar, analisamos sua posição em relação aos demais corpos celestes e a influência que essa posição exerce sobre um signo. A isso se chama aspecto. Os mais comuns são: **Conjunção**, quando dois ou mais astros estão no mesmo grau, sem diferença de um para o outro, praticamente juntos, daí a expressão conjunção, que simboliza a ênfase em determinada influência. **Sêxtil**, quando existe entre um astro e outro uma distância de 60 graus. Este aspecto ocorre com dois astros e simboliza uma oportunidade para o signo analisado.

Quadratura é a posição de astros formando um quadrado no mapa, com linhas em ângulos de 90 graus de distância entre um e outro. Simboliza um desafio para o nativo. **Trígono** é a formação de três planetas ou o Sol e a Lua formando um triângulo no mapa, com posições de 120 graus entre um e outro. Simboliza um fluxo de determinada força para aquele signo ou pessoa. **Oposição** é quando dois astros se colocam a 180 graus um do outro, simbolizando a percepção de determinadas forças que esses corpos governam. Existem outros aspectos que não têm tanta significação. Todos podem ser positivos ou negativos, embora alguns tenham carga maior em um ou outro sentido, dependendo do mapa geral.

Balança — Nome por vezes dado ao signo de Libra e que nos lembra o símbolo deste signo, que se aproxima de uma balança, representando o meio do céu, o equilíbrio, a contar do primeiro signo, Áries. Denomina uma das primeiras constelações identificadas pelo ser humano.

Câncer — É o quarto signo, também conhecido por Caranguejo, que traz a simbologia e a denominação da constelação que tem este nome.

Capricórnio — O décimo signo tem sua denominação ligada à constelação da Cabra ou de Capricórnio, situada no alto do céu.

Características — Representam, em astrologia, traços ou inclinações pessoais de cada um de nós. Não

VIRGEM - COLEÇÃO VOCÊ E SEU SIGNO ♍ 55

pode ser confundida com caráter, que diz de moral e
de formação, sugerindo uma interação da pessoa com
o seu mundo. As características podem ser determinadas pela análise astrológica. Mas elas se revelam
moldadas pelo caráter, o que nos faz diferentes. Uma
pessoa pode ter características iguais a outra e ambas
agirem de forma distinta quando postas diante de
impulsos diferenciados.

Casa — É cada uma das divisões do zodíaco, embora
tenha acepções diferentes na análise astrológica. Para
este estudo a concepção de que o zodíaco é dividido
em 12 grandes casas representando os signos que, por
sua vez, se dividem em 30 graus, correspondendo aos
dias.

Constelações — É o nome dado a um grupo de estrelas e tem quase o mesmo sentido tanto na astrologia
quanto na astronomia. Usamos na astrologia a denominação de constelações para os agrupamentos de
estrelas que foram observados pelos caldeus e siste-
matizados pelos gregos, especialmente por Hiparco,
o descobridor do fenômeno denominado *precessão*.
Hoje, a denominação "constelação" para a astrologia
não tem a mesma significação que para a astronomia.
Na astrologia ocidental, aceitamos a tradição de de-
nominar um signo pelas constelações que eram obser-
váveis na Antigüidade. Por isso, quando dizemos que
um determinado planeta está em Capricórnio ou em
Libra (Balança), não queremos afirmar que ele está
na mesma posição no céu que os corpos que formam

aquela determinada constelação como vista pelos astrônomos. Afirmamos, isto sim, que ele está na área do zodíaco ou do mapa astral que tem o nome daquele conjunto de estrelas e planetas.

Cúspide — É um fenômeno tipicamente astrológico e refere-se à pessoa que nasce em dia próximo à mudança do signo ou no próprio dia da mudança de regência solar. Como a entrada do Sol em determinado signo muda em função da posição da Terra em seus movimentos de translação e precessão, como determinar o signo de uma pessoa que, por exemplo, nasceu no dia 20 de março, num ano em que o Sol entrou em Áries nessa data? Habitualmente, o Sol entra em Áries em 21 de março, mas, acompanhando o movimento da Terra e os conceitos astronômicos, prevalece, para a determinação do signo, o exato instante em que começa a regência do Sol sobre o signo. No caso em questão, a pessoa será arietina e não pisciana.

Decanato — É a distância de dez graus de um signo. Todos os signos têm três decanatos. O primeiro é contado a partir do primeiro até o décimo grau; o segundo, do décimo primeiro ao vigésimo e o terceiro, do vigésimo primeiro ao trigésimo grau. Diz-se em astrologia que cada decanato revela uma influência específica que deve ser considerada na análise de características. O primeiro decanato é influenciado fortemente pelo signo anterior. O segundo mostra características específicas, ditas puras, do próprio signo. O terceiro já recebe influência do signo seguin-

VIRGEM – COLEÇÃO VOCÊ E SEU SIGNO ♍ 57

te. Assim, por exemplo, uma pessoa nascida no primeiro decanato de Leão, apesar de leonina, vai incorporar ao seu modo de ser alguns dos elementos do signo de Câncer que antecede o seu. Num exemplo prático desse caso, ela poderá somar um pouco de tradicionalismo canceriano à exuberância leonina.

Elementos — O conceito é dos mais antigos na história da humanidade e deu origem às primeiras manifestações de fundo religioso entre os homens. Ele nos diz do fogo, da terra, do ar e da água. Cada um desses elementos, considerados fundamentais na formação da vida, governa três signos aos quais transmitem algumas de suas características básicas e essenciais. O *fogo*, primeiro desses elementos, tem uma presença forte na história do homem e foi, para os primeiros hominídeos, o seu "deus". Ele passa aos seus signos — Áries, Leão e Sagitário — o calor, a natureza ígnea, a construção e a agressividade. A *terra* é o segundo dos elementos da natureza e governa os signos de Touro, Virgem e Capricórnio, exatamente os que falam de destino, da rigidez, da constância e da fecundidade. O *ar* é o terceiro elemento e nos revela o temperamento aéreo e sonhador, o humor e a flexibilidade que dão aos signos de Gêmeos, Libra e Aquário essas características. E, por fim, a *água*, elemento da natureza relativo ao caráter fluente, à brandura, à impressionabilidade e à aderência, que fazem de Câncer, Escorpião e Peixes os chamados signos do caráter.

Grau — É a tricentésima sexagésima parte de uma circunferência. O zodíaco é, geometricamente, uma circunferência, formada por 360 graus, cada grau revelando um dia. Assim, cada signo tem, em média, 30 graus que são percorridos pelo Sol em seus movimentos de rotação e translação.

Horóscopo — É o que diz da observação, sob a ótica do quadro planetário, da hora e da data em que uma pessoa nasceu. Hoje, é um dos mais populares tipos de entretenimento fundamentado em algumas considerações e conceitos da moderna astrologia. Alguns horóscopos trazem previsões de acordo com as características específicas do signo. Mas não se pode considerar um horóscopo com seriedade maior que a dispensada a uma distração. Não é possível, em termos astrológicos, fazer-se previsão astrológica genérica igual para todos os nativos de um mesmo signo. É o elemento mais importante na difusão da astrologia.

Latitude e Longitude — Têm a mesma concepção da astronomia. Servem para determinar geográfica e eclipticamente o local exato de nascimento de uma pessoa, base de cálculo do signo ascendente e do mapa astral.

Qualidades — Cada um dos signos apresenta uma *qualidade*, que é a manifestação para que se expresse e se movimente. Três são as qualidades dos signos: cardinal, fixa e mutável. Os signos da qualidade car-

VIRGEM – COLEÇÃO VOCÊ E SEU SIGNO ♍ 59

dinal são Áries, Capricórnio, Câncer e Libra, dos quais
se destacam os princípios de energia aplicada à expansão e à liberação, representados pela iniciativa, o
novo e a ação. Os da qualidade fixa são Leão, Aquário, Touro e Escorpião e deles se diz que representam
a necessidade de se conter a energia com estabilidade,
concentração, paciência e persistência, representadas
pela noção de segurança. E, finalmente, os da qualidade mutável são os signos de Sagitário, Virgem, Gêmeos e Peixes, aos quais se atribui a reciclagem e o
reaproveitamento da energia, donde vem a noção de
versatilidade, adaptação e flexibilidade, representando a mudança.

Planetas — Em astrologia, a concepção de planeta é
diferente da significação astronômica do termo. Ela
engloba corpos celestes, não importando se estrela,
planeta ou satélite. Assim é o caso do Sol, da Lua e
de Vênus, por exemplo. Uma das maiores críticas à
astrologia é feita exatamente a essa concepção, que
considera a Lua um planeta.

Polaridade — A polaridade refere-se aos pólos positivo e elétrico ou negativo e magnético, com que são
classificados os signos. Essa classificação não acompanha a divisão exata dos signos. Dessa forma, todos
os signos apresentam nativos com as duas polari-
dades. Para uma classificação mais simples, pode-se
dividir o zodíaco em períodos de polaridade positiva
ou negativa, dependendo do signo, de acordo com a
seguinte tabela, que aponta os dias do ano em que

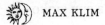

determinada polaridade prevalece, independentemente do signo em que nascemos:

Polaridade positiva	Polaridade negativa
de 6 de março a 5 de abril	de 6 de abril a 5 de maio
de 6 de maio a 5 de junho	de 6 de junho a 5 de julho
de 6 de julho a 6 de agosto	de 7 de agosto a 6 de setembro
de 7 de setembro a 6 de outubro	de 7 de outubro a 5 de novembro
de 6 de novembro a 5 de dezembro	de 6 de dezembro a 5 de janeiro
de 6 de janeiro a 5 de fevereiro	de 6 de fevereiro a 5 de março

Com base nessa classificação, pode-se afirmar se uma pessoa se liga, na natureza, a forças positivas ou elétricas, mostrando-se ativa, expressionável e dominante ou, ao contrário, se ela é magnética ou negativa, revelando em sua maneira de ser um caráter dormente, silencioso e pensativo. Isso explica, em certo sentido, algumas diferenças encontradas na análise do temperamento, que é diferente entre pessoas do mesmo signo.

Regência — A referência ao termo diz da regência planetária que foi organizada por Ptolomeu, o astrônomo e astrólogo grego que sistematizou a astrologia ocidental. Ptolomeu deu a cada signo um *regente*, planeta que podia ser observado à sua época. A regência criada por Ptolomeu permaneceu inalterada até a descoberta de Urano por William Herschel, em 1781. Daí por diante, este planeta substituiu Saturno na regência de Aquário. O mesmo aconteceu quando da descoberta de Netuno em 1846 pelo astrônomo alemão Galle, que seguiu os cálculos do matemático francês Le Verrier. Netuno passou a reger Peixes no lugar de Júpiter. Isso deu origem ao sistema de co-regência em diversos signos. Há críticas a esse sistema que alguns consideram meramente indicativo e citam, como exemplo, a incongruência da regência de Saturno em Capricórnio. Saturno foi considerado durante muito tempo o "grande maléfico" do zodíaco e o planeta da morte, o que não se coaduna com Capricórnio, o signo da honra e da fama.

Signo — Nome dado às divisões do zodíaco, cada uma delas compreendendo 30 graus. Os signos começam com Áries, cuja data inicial coincide com a entrada do Sol no outono do hemisfério sul e da primavera no hemisfério norte. O início da regência de um signo é mutável pela impossibilidade de coincidência do ano solar civil com a divisão astrológica do zodíaco em 360 graus. São as seguintes as datas-padrão de vigência de um signo:

Áries — 21 de março a 20 de abril
Touro — 21 de abril a 20 de maio
Gêmeos — 21 de maio a 20 de junho
Câncer — 21 de junho a 20 de julho
Leão — 21 de julho a 22 de agosto
Virgem — 23 de agosto a 22 de setembro
Libra — 23 de setembro a 22 de outubro
Escorpião — 23 de outubro a 21 de novembro

Sagitário — 22 de novembro a 21 de dezembro
Capricórnio — 22 de dezembro a 20 de janeiro
Aquário — 21 de janeiro a 19 de fevereiro
Peixes — 20 de fevereiro a 20 de março

Essas datas mostram variação de ano a ano. Para os astrólogos que adotam um calendário mais ou menos fixo, elas também variam.

Símbolos — Cada signo guarda uma simbologia, e os astrólogos usam interpretações pessoais para essa representação prática. A mais popular, no entanto, é a que classifica os signos da seguinte forma:

Áries — Mudança, criação, impetuosidade
Touro — Segurança, realismo, integração
Gêmeos — Inquietude, habilidade, dualidade
Câncer — Fecundidade, memória, intuição
Leão — Ambição, força, teatralidade
Virgem — Assimilação, sensibilidade, observação
Libra — Equilíbrio, conciliação, absorção
Escorpião — Instinto, extremismo, perspicácia
Sagitário — Aventura, independência, crítica
Capricórnio — Perseverança, discriminação, severidade
Aquário — Fantasia, lealdade, antecipação
Peixes — Mediunidade, compaixão, sacrifício

VIRGEM – COLEÇÃO VOCÊ E SEU SIGNO ♍ 63

Trânsito — É o movimento de um planeta sobre as casas do zodíaco, passando de um signo a outro em movimento direto ou retrógrado entre Áries e Peixes. Conhecido também por *passagem*, o trânsito é calculado por meio de uma tábua planetária de posição dos astros. Por ele se formam os aspectos.

Zodíaco — Na definição mais comumente aceita são as 12 divisões do céu, estabelecidas ao longo da eclíptica, onde o zodíaco alcança 8 graus acima e 8 graus abaixo. A palavra vem do grego e significa "a roda dos animais" por representar os animais que denominam as 12 constelações pelas quais o Sol passa em seu movimento anual em torno de seu próprio eixo. O Sol leva cerca de trinta dias em cada uma dessas constelações. Há autores, no entanto, que vinculam a denominação à sistematização da astrologia feita pelos caldeus.

A natureza e a astrologia

Um dos mais impressionantes vínculos entre a astrologia e a vida surge da comparação entre o ciclo evolutivo de um ser vivo com o zodíaco e os signos. Dizem os estudiosos dessa teoria que cada signo guarda em si um elemento fundamental que representa um estágio da natureza. Daí o paralelo entre o ciclo vital de uma planta, por exemplo, e as casas do zodíaco. Por esses estudos que explicitam bem as características do ser humano, pode-se dizer o seguinte:

64 MAX KLIM

Áries ♈ O primeiro dos signos está vinculado ao momento do nascimento, da explosão da semente que começa seu ciclo de vida. É a força criadora que nasce com o ser.

Touro ♉ Este signo mostra o instante em que o ser toma contato com a terra e se situa fora do casulo, útero ou invólucro-matriz.

Gêmeos ♊ É representado pelo instante em que, deixando a terra, o braço materno, e assomando à superfície, o ser não sabe o que é e a que veio, buscando definições.

Câncer ♋ Indeciso, o ser se volta a suas origens em busca de respostas e se prende à matriz que o gerou, valorizando aquilo que é a sua história.

Leão ♌ Seguro de sua existência no mundo, o ser busca mostrar-se, aparecer, fazer-se notado e se acredita dono de tudo a seu redor.

Virgem ♍ Neste momento da evolução, o ser que até então vivia intuitivamente passa a notar detalhes e cuidar-se, buscando aparência e critérios.

Libra ♎ Atingindo, neste signo, o ponto máximo do crescimento, o ser se equilibra em relação aos que o cercam e molda a aceitação da decadência daí por diante.

Escorpião ♏ Neste estágio, o ser busca a continuidade e faz do sexo e da emoção os seus mais importantes dons. Nas plantas, é o pólen que fecunda.

VIRGEM – COLEÇÃO VOCÊ E SEU SIGNO ♍ 65

Sagitário ♐ Experimentado, o ser busca a liberdade à sua volta e tece a interpretação de seu mundo relacionando-se a ele.

Capricórnio ♑ A vida leva o ser neste instante à persistência, ao trabalho e à determinação. Sábio, ele usará de sua experiência em busca da sobrevivência.

Aquário ♒ Como a velha sequóia, o ser vê próximo o fim e se dá conta de que há um futuro e sobre ele devaneia, sonha e projeta-se para o amanhã.

Peixes ♓ É o instante em que a morte se aproxima e o ser se faz semente de novo, buscando a preparação para o renascimento.

Essa vinculação de características de um signo com a natureza explica muito do temperamento encontrado nas pessoas que nascem sob um mesmo signo. Em razão disso, podemos afirmar que todo arietino é criador; o taurino é realista e tem os pés no chão; o geminiano é curioso e dúbio; todo canceriano é romântico e apegado à origem; o leonino é exibicionista e dominador; o virgiano é detalhista; o libriano é justo e equilibrado; o escorpiano é violento, vingativo e sensual; o sagitariano é ansioso pela liberdade e crítico; o capricorniano é diligente e persistente; o aquariano é incompreendido e avançado em seu tempo, e o pisciano é espiritualista, bondoso e voltado para o psiquismo.

De forma bastante curiosa, nota-se, em relação a

cada um dos signos, a existência desse tipo de característica ligada à natureza. Essa observação, feita pela análise de personalidades de dezenas de nativos de cada um dos signos, foi comprovada em estudos recentes de astrólogos que vêm se filiando a essa nova corrente da astrologia ocidental.

A influência da Lua

Dispondo o analista dos elementos da característica astrológica para uma pessoa em dois signos — o solar e o ascendente — deve combiná-los com os do **signo lunar**, levando em conta a regência da Lua em cada um dos signos, que pode ser assim resumida:

Áries — Lembra e favorece as atividades ligadas às armas e à guerra, representando, com isso, a ação dos militares. Na vida comum, refere-se ao trabalho com o ferro e o fogo, à cirurgia e aos empreendimentos e a tudo o que demande esforço. Lembra a forja e o ferro derretido.

Touro — A influência lunar em Touro se liga a atividades de controle e de finanças, aos assuntos relacionados ao comércio, especialmente o de jóias, às diversões, à moda e às artes. Lembra sempre a construção.

Gêmeos — Neste caso, a Lua influencia tudo o que se relaciona às viagens, à propaganda e ao jornalismo em todas as suas formas. Diz de mudanças e dos negócios com imóveis. Fala-nos sempre do que é escrito.

Câncer — A Lua no seu próprio signo nos remete a uma influência direta sobre o líquido, o movimento pela água, os processos, a atuação financeira do homem em empréstimos e a psicometria. Representa a fluidez.

Leão — A Lua em Leão nos revela influência sobre as empresas e empreendimentos que nos são úteis, governando também as especulações. Neste aspecto, estão presentes as amizades e festas. Lembra a vida social.

Virgem — A influência da Lua, quando neste signo, se dá sobre os negócios com dinheiro, quando envolvem bancos, e também sobre o comércio, os imóveis e as ciências. Ela nos fala sempre da instrução.

Libra — Quando em Libra, a Lua revela influência sobre todos os nossos compromissos e controla o trato com jóias, a publicidade, os assuntos religiosos, as artes e as viagens por terra e à longa distância. Ela mostra responsabilidade.

Escorpião — Na sua passagem por Escorpião, a Lua rege a persistência e a determinação do ser humano, revelando a sua coragem e dirigindo os assuntos ligados à química. Lembra a fusão dos elementos.

68 MAX KLIM

Sagitário — A regência lunar neste signo mostra uma influência determinante sobre conceitos de honestidade e de prudência. As matérias jurídicas, as finanças e os estudos também sofrem sua influência.

Capricórnio — Quando transita por Capricórnio, governa a Lua o nosso conceito de propriedade, atuando sobre os frutos da terra, a política e os orçamentos econômicos, falando-nos da maneira de ter para o amanhã.

Aquário — Em Aquário, a Lua dirige a agricultura, a construção quando vista pelo ângulo do engenho humano, a eletricidade, as invenções e as experiências, setores que lembram avanço e descoberta.

Peixes — No último signo, a influência lunar se faz presente sobre todos os contratos já iniciados e não concluídos e sobre as viagens e as mudanças de vida. A Lua nos fala, neste caso, da filantropia em todas as suas formas.

Os elementos

Conhecendo-se dessa forma as diferentes influências que se fazem sobre cada signo e a maioria dos elementos comuns da astrologia ocidental, é possível combinarem-se traços de comportamento, temperamento e personalidade, que vão dar um perfil o mais aproximado possível da realidade, da personalidade e da maneira de ser de cada um de nós.

VIRGEM – COLEÇÃO VOCÊ E SEU SIGNO ♍ 69

Para isso, devemos sempre interpretar esses dados combinando-os com outros já detalhados, mas levando em conta um dado fundamental na nossa formação como seres pensantes e dotados de inteligência: os elementos básicos da vida.

Baseados nas quatro formas da energia e nas suas mais simples manifestações, esses elementos basicamente refletem tudo o que conhecemos e sabemos sobre nossa presença no planeta Terra. Antes de qualquer interpretação sobre uma pessoa, é importante se determinar o seu elemento, pois ela vai refletir, em sua maneira de ser, um deles, da seguinte forma:

Signos do fogo (Áries, Leão e Sagitário) — Os nativos de qualquer um desses três signos vão revelar um temperamento que nos lembra sempre a chama, o fogo ardendo, a explosão de luzes e de calor numa fogueira. Há que se destacar o fato de que a própria Terra, o nosso planeta, surgiu de matéria ígnea, uma verdadeira bola de fogo que esfriou com o passar das eras. Daí reafirmarmos que este é o elemento-chave nos nativos que vivem pela conquista e pela criação, em reflexo de tudo o que os simboliza na natureza, o fogo inicial da vida.

Signos da terra (Touro, Virgem e Capricórnio) — As características dos nativos destes signos, governados pelo elemento terra, mostram a estabilidade e a permanência típicos do solo do planeta em que vivemos. Seu temperamento, por isso, é mais estável e seguro, concreto e palpável como tudo o que compõe, na natureza, a superfície, o chão que pisamos. Nisso há muito de estabilidade e segurança, que são pontos a se destacar na forma de ser, pensar e agir de taurinos, virgianos e capricornianos.

Signos do ar (Gêmeos, Libra e Aquário) — Para os nativos destes três signos, há que se lembrar sempre o etéreo e impalpável ar que nos cerca e nos é essencial à vida. Este elemento revela o caráter também não material do pensamento, a maior força criadora de que dispõe o ser humano. Nossa imaginação, nossos sonhos e aspirações e as idéias que nos conduzem têm o mesmo traço impalpável do elemento que governa o signo. Por isso se ligam à valorização do espírito e da mente e ao desapego à matéria.

Signos da água (Câncer, Escorpião e Peixes) — Para os nativos dos signos da água vale o conceito de que este elemento, por sua própria característica, é essencial à formação da vida, preso ao sentido de existência, de berço e lar. Isso faz com que sejam cancerianos, escorpianos e piscianos os que mais se relacionam com seu próprio ambiente, vivendo-o com intensidade e expressando, nas emoções e na maneira de sentir ou se moldar, o mundo em que vivem. Daí o sentido de adaptação ao ambiente que os destaca na sua forma de agir.

Os decanatos

Um outro fator que contribui, em proporção tanto maior quanto mais próxima for da mudança de

VIRGEM – COLEÇÃO VOCÊ E SEU SIGNO ♍ 71

signo, é a chamada "teoria dos decanatos", segundo a qual os nativos do primeiro decanato, isto é, aqueles que nascem entre o primeiro e o décimo dia de um signo, sofrem influência do signo anterior àquele em que se encontrava o Sol no nascimento da pessoa. Os que nascem no segundo decanato, do décimo primeiro ao vigésimo dia do signo, são os que apresentam maior pureza nas características de seu signo e os nativos do terceiro e último decanato, isto é, no período do vigésimo primeiro ao trigésimo ou trigésimo primeiro dia do signo, sofrem influência do signo posterior, podendo ser classificados da seguinte forma, de acordo com cada um dos decanatos:

1º decanato	2º decanato	3º decanato
Áries-Peixes	Áries-puro	Áries-Touro
Touro-Áries	Touro-puro	Touro-Gêmeos
Gêmeos-Touro	Gêmeos-puro	Gêmeos-Câncer
Câncer-Gêmeos	Câncer-puro	Câncer-Leão
Leão-Câncer	Leão-puro	Leão-Virgem
Virgem-Leão	Virgem-puro	Virgem-Libra
Libra-Virgem	Libra-puro	Libra-Escorpião
Escorpião-Libra	Escorpião-puro	Escorpião-Sagitário
Sagitário-Escorpião	Sagitário-puro	Sagitário-Capricórnio
Capricórnio-Sagitário	Capricórnio-puro	Capricórnio-Aquário
Aquário-Capricórnio	Aquário-puro	Aquário-Peixes
Peixes-Aquário	Peixes-puro	Peixes-Áries

A combinação de decanatos com os demais elementos da análise de características nos dá mais um dado a somar nesse estudo de nossa personalidade. Em linhas gerais, essa combinação de decanatos que figura em cada um dos signos nos revela um importante elemento na análise do que somos.

O que significam os planetas

Sol ☼ Detém o princípio da vida e representa calor, luz e irradiação. Na astrologia, é associado à juventude, ao poder e à virilidade. O coração e o cérebro o retratam, e ele nos diz de vocação, generosidade, heroísmo, da ética e da irradiação de todos esses elementos.

Lua ☽ O nosso satélite governa o princípio matriarcal da fecundidade e exprime as artes, a imaginação e o romantismo. Sua ligação em nossas vidas nos fala da mãe, da irmã e da filha, figuras sintetizadas em sua imagem. Lembra primitivismo, poesia, lirismo, casa e vida doméstica.

Marte ♂ É o planeta da guerra, da luta, da conquista e do domínio. Sua simbologia nos fala de violência, polêmica, militarismo e emboscada. A paixão é o sentimento que nele encontra maior ressonância. É o planeta do começo da idade madura e os desejos humanos são controlados por ele.

VIRGEM – COLEÇÃO VOCÊ E SEU SIGNO ♍ 73

Vênus ♀ O planeta que fala da beleza nos lembra a mulher, a juventude, o amor e a ternura. É o governante, na astrologia, dos princípios de fusão e atração, atuando sobre os artistas, o sexo, a dança, o canto, a sensibilidade e a estética. Nele estão presentes o luxo, a paz e a beleza.

Mercúrio ☿ O planeta do viajante governa o movimento, fala da adolescência, da natureza flexível no ser humano e nos lembra o jornalismo, o comércio, a literatura, o desenho e as viagens. No nosso organismo, atua principalmente sobre o sistema nervoso, além de controlar a respiração.

Júpiter ♃ É o planeta que governa o princípio da expansão, a coordenação e a ordem. Sob sua influência, se revelam a autoridade e a natureza jovial e extrovertida nos seres humanos. Ele nos diz do bem-estar, da obesidade, da justiça e do senso de humor.

Saturno ♄ O velho "grande maléfico", ao contrário de Júpiter, governa a sabedoria dos mais vividos e idosos, a prudência e a tradição. Fala-nos da avidez e de ciúme, além dos princípios de concentração, abstração e inércia. É o planeta do conservadorismo, do trabalho e da renúncia.

Urano ♅ Para nós, humanos, dirige o princípio do fogo universal, a tensão e a ereção, destacando-se, por isso, como o planeta da conduta, da inteligência, do progresso e da rebeldia. Ele nos fala também de técnica, da aspiração do absoluto, do caráter dos seres e da ação.

Plutão ♇ No que se refere a este planeta, a transformação, a transmutação e a destruição são os elementos mais presentes. Ele governa a morte e a mediunidade, a mente analítica e a sexualidade, as grandes disputas e a espionagem. No seu campo, se colocam também o escuro e o invisível.

Netuno ♆ É o planeta que guarda em si o princípio primordial da existência, a água. Por isso, governa a inteligência sensitiva, as manifestações primárias do instinto. Liga-se à integração universal, à sensibilidade, ao anarquismo e à esquizofrenia. É o símbolo do coletivismo.

O dia da semana

Outro elemento com que podemos trabalhar para a determinação das características astrológicas que fazem nossa personalidade é o dia da semana em que nascemos. Isso pode ser descoberto em calendários perpétuos de agendas comuns ou nas tabelas de publicações especializadas. Estas são as características encontradas para a pessoa, de acordo com o dia da semana de seu nascimento:

Domingo — Dia regido pelo Sol, mostra para os seus nativos um forte sentido de alegria com a vida. Ma-

VIRGEM – COLEÇÃO VOCÊ E SEU SIGNO ♍ 75

terialmente, obtêm lucro em qualquer atividade. Têm uma vida longa e agem com otimismo e determinação na busca do sucesso.

Segunda-feira — É o dia da Lua na regência astrológica. Seus nativos são generosos e afáveis, possuem raro tirocínio para negócios e só não obtêm êxito devido à sua excessiva boa-fé. São, com freqüência, pessoas muito amáveis.

Terça-feira — O dia de Marte e de Plutão mostra para os seus nativos um temperamento forte e colérico, que faz com que a pessoa chegue fácil à violência, expondo-se, por isso, a acidentes. São dominadores e têm magnetismo pessoal.

Quarta-feira — É o dia da semana dedicado a Mercúrio. Os nascidos neste dia são pessoas calmas, sociáveis, estudiosas e inclinadas às artes e ciências. Estão sujeitas a contrariedades financeiras e sentimentais ao longo de suas vidas.

Quinta-feira — Dia de Júpiter. Há uma clara indicação de que os seus nativos são humanitaristas e muito alegres, sempre prontos a ajudar os que carecem de apoio e proteção. O seu êxito, habitualmente, vem da ajuda de amigos e pessoas próximas.

Sexta-feira — Este é o dia de Vênus, planeta da beleza. Os nascidos neste dia têm forte magnetismo, encontram caminho fácil para o sucesso e conquistam, não raro, verdadeiras fortunas. Mostram, pela influência de seu regente, forte inclinação para as artes.

Sábado — O dia de Saturno dá aos seus nativos elementos de melancolia e meditação, revelando também uma forte tendência ao retraimento. Seu progresso é lento, embora sejam muito inteligentes e capazes de assimilar tudo com facilidade.

Os ciclos e eras astrológicos

Um tema que tem empolgado tanto os estudiosos e pesquisadores de astrologia, como as pessoas comuns em todo o mundo, é o fim da Era de Peixes e as mudanças decorrentes deste término com a passagem para a Era de Aquário. Poucos, porém, sabem, com exatidão, o que tal evento significa.

Da mesma forma que os movimentos de rotação do planeta Terra nos dão a noção de dias, horas, minutos e segundos e os movimentos de translação determinam os anos, décadas, séculos e milênios, existe também um movimento do Sistema Solar que, por ser de grande amplitude e extremamente longo, demorado, é quase imperceptível. Esse período, o assim chamado Grande Ano Sideral, perfaz um ciclo astrológico que, completo, dura cerca de 26 mil anos.

Na astrologia, esse ciclo é detalhado da mesma forma que o horóscopo comum, ou seja, é dividido

VIRGEM – COLEÇÃO VOCÊ E SEU SIGNO ♍ 77

em 12 casas, que correspondem aos 12 signos do zodíaco. Sua movimentação, porém, se faz na ordem inversa do percurso anual dos signos, indo de Peixes até Áries, no sentido dos ponteiros do relógio. Cada uma dessas divisões é denominada *era* e sua duração é de, aproximadamente, 2.160 anos. Quando uma nova era se inicia, temos uma mudança de regência no Sistema Solar.

Como é difícil identificar o ponto exato onde termina o período de regência de um signo e começa o seguinte, a data precisa da transição de uma era para outra tem sido quase impossível de ser determinada. Por esse motivo é que, atualmente, se observa como os astrólogos têm divergido acerca de quando realmente se iniciaria a Era de Aquário.

Esses grandes ciclos também exercem efeitos sobre a vida humana, porém, de forma muito mais abrangente. Estando cada era sob a regência de um determinado signo, a influência desse signo vai marcar, durante 2.160 anos, os acontecimentos, as descobertas, o desenvolvimento de idéias, os comportamentos, os valores, o relacionamento entre culturas, religiões, etc.

Devido à sua longa duração e à sua enorme amplitude, as eras interferem não somente na vida de cada pessoa, individualmente considerada, mas, principalmente, na evolução da espécie humana, em seu desenvolvimento intelectual e espiritual e na história das civilizações.

Os fatos registrados pelos arqueólogos, antropólogos e historiadores são a melhor comprovação da existência e das conseqüências desses ciclos.

As duas eras mais recentes são claramente identificadas por relatos escritos e orais dos povos que as vivenciaram: a Era de Touro, entre os anos 4511 a.C. e 2351 a.C., e a Era de Áries, que se encerrou com a chegada de um período de forte religiosidade, pouco antes do advento do Cristianismo.

Com a Era de Áries, entre 2351 e 191 a.C., a humanidade encerrava mais um Grande Ciclo Astrológico de 26 mil anos, quando o ser humano deixou para trás sua pré-história e desenvolveu o que se conhece como "civilização" em um sentido mais moderno.

Esse ciclo de aproximadamente 26 mil anos representou, portanto, o domínio do mundo físico e do corpo. A partir daí, preparou-se outro momento da evolução, que apontou para uma valorização do espírito sobre a matéria e, conseqüentemente, da mente sobre o corpo. Esse novo Grande Ciclo Astrológico se iniciou há pouco mais de dois mil anos e foi marcado pela entrada da humanidade na Era de Peixes.

Era de Touro
Aproximadamente de 4500 a.C. a 2350 a.C.

Com poucos registros escritos, conhecida principalmente por meio da transmissão oral, a primeira dessas eras astrológicas historicamente identificada, a Era de Touro, coincide com o surgimento de algumas das maiores civilizações da Antigüidade, a minóica, ou cretense, e a egípcia. Em Creta, surgiram lendas e mitos em torno de uma figura lendária, o rei Minos e o Minotauro. No Egito, às margens do fértil Nilo, com os faraós surgiram exemplos dos maiores avanços obtidos pelo ser humano até à época nos mais diferentes campos de atividade.

Em ambas as civilizações, da mesma forma como ocorria pelo mundo afora, uma figura assumia papel preponderante nos cultos, na economia, e na simbologia de seu próprio desenvolvimento: o *touro*, o mais sagrado e festejado dos animais, símbolo de profundas mudanças na vida do homem, que então se tornava sedentário, agricultor e pastor.

O homem se estabelecia nos grandes vales, junto aos rios caudalosos da Europa, Oriente Médio e Ásia. A princípio, em sociedades com caráter nômade, cuja principal atividade era o pastoreio. Muitas ocorrências desse período estão narradas na Bíblia, no Antigo Testamento, na história de um povo semita, os hebreus, com suas 12 tribos.

Ao mesmo tempo, no Egito, surge a civilização dos faraós construtores de pirâmides, onde o deus Ápis — o touro sagrado — ocupa lugar de destaque entre os deuses da civilização das pirâmides. Também é dessa época o florescimento das grandes civilizações da Mesopotâmia.

Na ilha de Creta, adora-se o Minotauro (ser mitológico, com corpo de homem e cabeça de touro) e, da mesma forma, o touro se constitui no principal elemento de culto. Igualmente, na Índia, o boi assume um caráter sagrado e se torna símbolo de veneração pública.

Por todo o mundo conhecido, firma-se o caráter civilizatório. O homem, agrupado agora em tribos de pastores que constantemente se deslocam em busca de melhores pastagens, cria os embriões das primeiras cidades, surgidas em torno de entrepostos, aguadas e oásis, todos vinculados à existência de pastagens e aguada para o gado.

Foi uma era de tranqüilidade em que predominaram como principais características a "paciência bovina", o espírito conservador, a confiança do ser humano em seu semelhante, o sentido da posse e o materialismo, todas elas típicas do signo de Touro.

Era de Áries
Aproximadamente de 2350 a.C. a 200 a.C.

Por volta do ano 2351 a.C. ocorre outra mudança, com o ingresso na chamada Era de Áries, dominada por Marte. Na história da civilização, se caracteriza pelo surgimento de sociedades guerreiras, já então sedentárias, donas de terras e que fizeram das armas, da ciência, da guerra e da luta física o seu objetivo.

Dominado o pastoreio e estabelecidos os primeiros elementos de riqueza individual com o aparecimento dos conceitos de "propriedade" e de "território", o ser humano se mostra apto a ingressar em uma nova fase de sua evolução. A espécie já se espalhara o bastante para que pudesse se iniciar um novo ciclo, agora regido por Ares, o deus da guerra.

O domínio das sociedades militarizadas, que se contrapõem ao modo de vida quase rural e tranqüilo da era anterior, revela claramente as influências astrológicas dos seus respectivos regentes. Se Touro, regente do ciclo anterior, sugeria uma sociedade pastoril, tranqüila e voltada para a consolidação da convivência no campo, Áries, regida que é por Ares ou Marte, o deus da guerra, ao contrário, inclinava toda a civilização para a expansão e a conquista pelo uso de armas, uma típica alusão à forma de agir arietina, marciana.

Todas as sociedades de então refletem o caráter desse período quando são agrupadas em torno de habitações fortificadas e tendo como governantes os melhores entre os seus guerreiros. O homem desenvolve o sentido da luta pela vida, revelando um caráter independente, criador, com um dinamismo que o diferencia de seus antepassados.

É nessa época que se descobre a posse permanente da terra, fazendo surgir o conceito ainda tribal de território e propriedade, resultado de um processo econômico incipiente ligado à agricultura sedentária. Com isso, o soldado passa a ser valorizado e substitui, em importância, o rei pastor de outrora.

Esse novo período coincide, no Egito, com o fim do Antigo Império e a invasão do país pelos hicsos, povo indo-europeu que se esmerou nas técnicas de guerra e que, utilizando o cavalo e o carro de combate, conseguiu dominar quase todo o território que hoje se conhece como Oriente Médio.

Na Grécia, as cidades-estado ganham importância e, entre elas, Esparta, que se torna o exemplo máximo do domínio da espada sobre o arado com o culto à espada, atingindo seu ponto culminante no treinamento dos jovens e de crianças, a partir dos sete anos, nas artes do combate e da guerra.

Em Roma, consolida-se uma civilização de conquista e domínio que deixou marcas profundas em todo o mundo. São dessa fase personagens e fatos famosos, do porte de Alexandre Magno, o imperador Dario, a maratona grega, a Guerra do Peloponeso, as Olimpíadas, os cônsules e as centúrias romanas.

Seguindo os desígnios de sua própria evolução, o ser humano cumpre, nessa Era de Áries, a tarefa de afirmação da espécie sobre o planeta Terra, encerrando também outro ciclo astrológico, um Grande Ano Sideral iniciado 26 mil anos antes, quando os primeiros dos *Homo-sapiens-sapiens* se acomodou numa caverna, ao lado de remanescentes e dos vestígios de seu antecessor, o Neanderthal, e dali começou seu processo evolutivo.

Era de Peixes
Aproximadamente de 200 a.C. até 1969.

Nessa fase, tão bem conhecida de todos nós, o homem entra em um novo processo de evolução que

VIRGEM – COLEÇÃO VOCÊ E SEU SIGNO ♍ 83

vai lhe proporcionar o desenvolvimento do espírito e da mente, elementos que irão se sobrepor à valorização do corpo físico e ao materialismo das eras anteriores. Nessa etapa, a humanidade efetua suas conquistas exercitando o raciocínio. É a era do predomínio do psiquismo e da religiosidade.

Aproximadamente quinhentos anos após a fundação de Roma, nos séculos que antecedem o nascimento de Cristo, surgem os primeiros sinais da mudança para o que hoje se convencionou chamar de "civilização ocidental", ou seja, o resultado da união das culturas egípcia, grega e romana, uma fusão típica de início de nova era.

O declínio do Império Romano coincide com o aparecimento, no Oriente Médio e na Ásia, de novas correntes religiosas, que pregavam princípios de caridade, benemerência, tolerância e predomínio do espírito, em contraposição à outra, bem diversa, na qual prevaleciam as figuras vingativas e iradas dos deuses arietinos, espelhados em Marte.

Foi nesse período, imediatamente anterior à Era de Peixes, que surgiram os grandes nomes das mais importantes religiões em todo o mundo, anunciando e preparando a mudança: Buda, Zoroastro, Lao-tsé e Confúcio.

O ser humano muda e passa a agir de forma mais voltada a si mesmo e ao seu interior. A religiosidade cresce e, com o passar dos séculos, a religião ganha força, muitas vezes assumindo o Estado.

O Hinduísmo, o Xintoísmo e o Budismo predominam na Ásia e determinam, por seus preceitos e valores, todo um estilo de vida. No Ocidente, os hebreus consolidam seus conceitos religiosos e influenciam o aparecimento do Cristianismo que, séculos mais tarde, vai validar reis e imperadores, dispondo sobre tronos e sucessões.

Mais tarde, no Oriente Médio, o Islamismo floresce e propicia o surgimento de diversas nações que justificam sua existência pelos princípios dessa nova revelação religiosa.

Dentre todas essas religiões, ao lado das crenças orientais do Hinduísmo e do Xintoísmo, foi o Cristianismo que demarcou, de forma mais intensa e evidente, a mudança de eras e o início de um novo grande ciclo na vida humana. O cristão tem no peixe o seu grande símbolo, representando a consolidação da influência exercida nesse período por esta figura mística e psíquica do Cristo e de sua pregação.

Exercitando as características típicas da Era de Peixes, o homem se apresenta intuitivo, artístico e emotivo, ao mesmo tempo em que também se mostra pessimista, místico e sem o pragmatismo natural aos outros signos, regentes de eras anteriores.

É essa inteligência pisciana — dedutiva, curiosa, pesquisadora e valorizada pelas conquistas intelectuais — e o seu desenvolvimento que constituem os fatores dominantes dessa etapa da evolução humana.

Profundamente ligado ao signo regente e a seu elemento dominante, o mar assume a condição simbólica de fronteira, cujo desbravamento torna-se o desafio maior. Movido pelas determinações de Peixes, o ser humano se espalha pela Terra, cria cidades, inventa instrumentos, controla doenças.

A consolidação desse processo é notado, de forma mais evidente, a partir do décimo nono século da Era Cristã, quando todo o conhecimento absorvido ao longo de mais de dois mil anos consolida o avanço científico que permite o domínio da mente, dos atos humanos e até mesmo das forças da natureza.

É dessa época o domínio da energia, tanto a elétrica e a solar quanto a atômica, que se somam a avanços inimaginados na medicina, na física, na química, nas comunicações, nos costumes e na política.

Atualmente, com este início de milênio, apresentam-se os sinais de uma nova era, demonstrados, de forma bem nítida, pelos primeiros movimentos em direção à conquista do espaço, a valorização da ecologia, o aumento da expectativa de vida, o domínio de tecnologia mais avançada e pelo repúdio a guerras e confrontos.

São estes, por sua característica, os sinais mais evidentes da entrada e da vida na Era de Aquário.

Era de Aquário
De 1969 em diante.

Como acontece nas análises astrológicas comuns, que tratam de intervalos de meses e anos, o início e o fim de uma era também não são facilmente delimitados em nossa contagem de tempo usual. Apesar disso, agora possuímos, com exatidão, a indicação clara do término da Era de Peixes e a chegada desta nova fase, regida por Aquário.

São bem evidentes os sinais indicativos dessa transição, da mesma maneira que há cerca de 2.200 anos houve o afloramento da religiosidade do ser humano quando se observou o aparecimento de figuras dominantes e criadoras em todas as religiões.

Cumprindo, em seu modo de ser e de agir, os primeiros vislumbres dessa mudança fundamental, o ser humano olha a natureza não mais como predador e destruidor, mas em busca de maior integração. Observa as estrelas não mais para guiar seus passos na Terra, mas ensaiando viajar pela galáxia. Desembarca na Lua e descobre que os planetas do Sistema Solar não são estrelas distantes.

Passam a freqüentar o cotidiano do indivíduo comum notícias sobre naves-robôs, que investigam a superfície dos corpos celestes distantes e antes apenas razão de mitos e lendas.

O pensamento, a reflexão e a espiritualidade mostram domínio maior sobre o caráter instintivo herdado das eras passadas. Começam a comandar nossas ações os elementos aquarianos de lógica científica, de pesquisa visionária, de independência da espécie e de rebeldia diante das amarras do corpo físico.

O caráter belicoso, presente na humanidade a partir da Era de Áries, entra em processo de dissipação, e a herança deixada pela preponderância da inteligência sobre a força bruta, desenvolvida durante a Era de Peixes, fornece as condições de enfrentar os desafios desse novo ciclo, a Era de Aquário.

PARTE 2

Capítulo 3

Virgem

...Disse também Deus: "Produza a terra seres viventes, conforme a sua espécie: animais domésticos, répteis e animais selváticos, segundo a sua espécie." E assim se fez. E fez Deus os animais selváticos segundo a sua espécie, e os animais domésticos, conforme a sua espécie e todos os répteis da terra, conforme a sua espécie. E viu Deus que isso era bom...

Gn 1: 24-25

Abertura

O crime desafiava os melhores cérebros da polícia naquela perdida cidade do interior, carente de recursos técnicos e de elementos para elucidar o que parecia um mistério para os arquivos do delegado José Geraldo, o paciente e tranqüilo titular da Delegacia de Homicídios da cidade. Um homem, viajante, representante comercial, fora morto em um quarto de hotel, com um tiro de revólver disparado de forma certeira no coração. A arma, um Taurus 38, niquelado, encontrava-se presa entre os dedos da mão direita do morto, que estava caído de bruços sobre a cama onde o sangue manchava o alvo lençol. Nada no quarto indicava uma tentativa de roubo ou luta entre a vítima e qualquer outra pessoa. Toda a cena sugeria a hipótese de suicídio para o qual faltava apenas a carta explicativa do gesto.

Detalhista, o delegado ficou por longo tempo a observar o viajante que fora interrompido nos seus negócios pelo disparo da arma. Mais tempo levou a olhar fixamente um paletó barato colocado com cuidado sobre o encosto da cadeira junto à cama. Nos objetos ao redor do morto e sobre o velho criado-mudo, crivou seu olhar e se manteve assim por longo tempo. Alguns detalhes chamaram sua atenção. O homem levava nos bolsos uma carteira, uma velha caneta e, no bolsinho interno do paletó que tinha etiqueta de uma das casas mais populares do Rio de Janeiro, um maço de cigarros de marca barata, com um isqueiro. Era um casaco bem usado, com manchas no bolso externo esquerdo, onde se encontraram notas de pequeno valor e algumas moedas.

Curiosamente, ele notou que só os bolsos do lado esquerdo estavam ocupados, nada havendo no grande bolso do lado direito. O detalhe do cigarro colocado estranhamente no bolsinho interno, também do lado esquerdo, mostrou-lhe que alguma coisa estava errada na cena do crime. Não era suicídio, concluiu o delegado, surpreendendo os técnicos da perícia e o legista que o acompanhavam. A vítima era canhota, afirmou para surpresa de todos. E isso ficava bem claro para aquele policial, um autêntico virgiano, que se prendia a detalhes que a outras pessoas passariam despercebidos. E ele deu novo rumo às investigações, listando os compradores do viajante na cidade. Entre eles, um grande devedor da firma que o morto representava e que se encontrava em difícil situação financeira. Dali para a prisão do assassino bastou um mandado judicial. O assassino era o devedor caloteiro...

Eu analiso...

O sexto signo do zodíaco, Virgem ou Virgo, representa, na astrologia, a casa das amizades, dos serviços subordinados, a relação entre amo e servo, senhor e escravo, patrão e empregado e nos leva ao momento em que o ser humano deixa a proteção materna e sai ao mundo. Sua vinculação histórica é feita com o mito de Deméter, a deusa das colheitas, cuja filha Perséfone foi escolhida por Hades, o deus dos Infernos e por ele raptada, fazendo com que Deméter abandonasse suas funções, o que fez o mundo viver uma era de fome. Zeus intervém nessa luta entre os deuses gregos e faz Perséfone regressar à sua mãe, depois de um acordo com Hades. Por esse acordo, a filha passaria com ele o inverno. Deméter retomou seus deveres e a natureza floresceu com a primavera que, no hemisfério sul, ocorre exatamente ao término da regência de Virgem. Na natureza, é a planta que assoma ao mundo e à luz, deixa seus vínculos com a sementeira, ganhando espaço e preparando-se para a maturidade que a colocará em igualdade com outras da mesma espécie. No universo, é a Constelação de Virgo, cuja visão da Terra sugere a letra "m", que se tornou seu símbolo zodiacal. É o signo do armazenamento na evocação de Deméter e seu poder sobre a boa colheita. Representa a sensibilidade e a modéstia que unem a sobriedade, o escrúpulo e a classificação. Nele, estão expressos os elementos básicos da capacidade máxima da observação que tanto distinguem os nativos do signo, que discriminam e aprendem a viver e se associar com racionalismo. Na astrologia mundana, rege a colheita, o campo, os trabalhadores e a saúde pública. Seus conceitos-chave são: **detalhismo, método, serviço** e **comedimento.**

Signo: Virgem ou Virgo.

Nativo: virgiano.

Posição zodiacal: de 150 a 180 graus.

Posição temporal: de 23 de agosto a 22 de setembro.

Elemento: terra.

Qualidade: móvel.

Trindade: maternal.

Regência planetária: Mercúrio no seu domicílio diário; Urano em exaltação; Lua em queda, Netuno e Júpiter em exílio.

Oposto: o signo de Peixes.

Simbologia: Virgem é o signo que simboliza a honestidade, a produção dos alimentos e o trabalho. Rege a colheita, toda espécie de trabalho e os seres humanos nele envolvidos, a elaboração do pensamento e da ação humanos, feitos de forma racional e organizada, visando ao futuro. É o domicílio do espírito humano em suas fases de descanso e pre-

VIRGEM – COLEÇÃO VOCÊ E SEU SIGNO ♍ 97

paração, da observação com escrúpulo e da classificação de tudo aquilo que se prepara para dias do amanhã.

Cor: azul-marinho, tons de caramelo e matizes do vermelho.

Pedras preciosas: jaspe, ágata e granada.

Metal: níquel e mercúrio.

Flores: jasmim e verbena.

Perfume: gardênia e verbena.

Plantas: o pinheiro, o sabugueiro e os tubérculos.

Animais: o cão, os símios e as aves como o gavião e a águia.

Dia da semana: quarta-feira, dia governado por Mercúrio.

Regência sobre o corpo: rege o sistema nervoso, o intestino, a coluna e as vísceras. Habitualmente, mostra problemas no sistema neurovegetativo. Revela predisposição a intoxicações.

Números: 2 e 11, números tidos como mágicos pelos antigos.

Talismã: um olho em ágata sobre metal branco.

Cidades: Niterói, Palmas, Uberlândia, Atenas, Ancara, Heidelberg, Camberra, Atlanta, Dallas, Ontário e Vancouver.

Clima: temperado, em média altitude e de umidade média.

Virtudes: altruísmo, habilidade analítica, senso de justiça, critério, sagacidade, meticulosidade e exigência.

Fraquezas: senso crítico exagerado, atuação calculista, preconceito, mesquinharia, incapacidade de ver o geral, pedantismo.

Tipo virgiano: trabalhador metódico e dedicado, que se destaca por sua operosidade e lealdade. É um bom matemático, permanente estudioso e experimentador, exigente consigo e com as demais pessoas que o cercam. Mostra um senso crítico que tende para o sarcasmo, se não controlado. É bom observador e bastante detalhista. Calado, inacessível, guarda para si suas próprias conclusões e conhecimento.

Personalidades do signo: a escritora Agatha Christie; os escritores Leon Tolstoi, H. G. Wells, Eurípedes e Goethe; o naturalista alemão Alexander Von Humboldt; o físico Michael Faraday; a pedagoga Maria de Montessori; o Duque de Caxias, Luís Alves de Lima e Silva; os atores Tony Ramos, Peter Sellers e Maurice Chevalier; as atrizes Greta Garbo, Sofia Loren e Ingrid Bergman; o Cardeal Richelieu; o presidente americano Lindon Johnson; a deputada e apresentadora de rádio Cidinha Campos e o tenista Gustavo Kuerten, o Guga.

A personalidade virgiana

O nativo do sexto signo do zodíaco revela, por princípio, a influência do elemento terra em seu temperamento e na forma como enfrenta o mundo. O filho de Virgem é um trabalhador industrioso, metódico e determinado, capaz de tarefas gigantescas para cumprir o que ele considera a sua missão primordial sobre a terra: fazer algo que, muitas vezes, só ele mesmo sabe.

Dotado de uma notável mente assimilativa, é capaz de notar e avaliar detalhes de coisas que passam despercebidas aos outros por longo tempo.

Esse nativo do elemento terra, que tanto reflete em seu temperamento a necessidade de ter sempre, e por todos os instantes de sua vida, "os pés fincados seguramente ao chão", mostra um invariável e raro poder de discernimento, o que o distingue dos demais companheiros de zodíaco.

É um ser todo especial, lúcido e direto, objetivo e franco, crítico e analítico, mas que, acima de tudo, é capaz de gestos de grandeza quando se encontra diante daquilo que considera seu dever de vida. Nesse momento, revela a sua verdadeira dimensão pessoal, a de um ser predestinado a uma missão especial e bastante significativa na vida.

Por isso, o virgiano, de forma quase natural, inclui-se entre os mais trabalhadores dos nativos de qualquer dos signos do zodíaco, o que o torna um realizador em constante atividade, como se fora parte de uma verdadeira colméia universal, onde o descanso é um acidente e a regra é fazer continuamente, sem interrupção e vacilações.

Esse tipo de temperamento reflete bem a natureza virgiana, tensa e nervosa, e que mostra na agitação com que cumpre suas metas uma enorme incapacidade de se dar momentos de descanso ou de relaxamento, como se isso fosse uma heresia ou um pecado.

Daí derivam os grandes males do signo, em especial aqueles que dizem do sistema neurovegetativo, que sucumbe aos excessos de empenho e dedicação de alguém que parece movido por uma missão divina, sem parada, sem descanso.

O virgiano típico se mostra costumeiramente apressado, passando uma imagem que é verdadeira, mas que mostra que ele parece estar sempre ocupado, envolvido em alguma coisa e em meio a elucubrações para concluir uma tarefa ou levar avante uma obrigação, concentrando-se nisso e deixando de lado aquilo que poderia desviá-lo desse rumo por ele mesmo traçado.

Agindo dessa forma, concentrada, direta e objetiva, o nativo de Virgem reflete um posicionamento mental que o acompanha por toda a sua vida. Ele é uma pessoa feita sob medida para cumprir tarefas, mais subordinado às exigências do cotidiano que mandatário de seu tempo. O seu caminho de vida sugere sempre o ato de servir e, para essa pessoa especial, o dever é a palavra essencial.

O distintivo no comportamento dedicado e eficiente do virgiano é o fato de ele usar métodos e critérios bem próprios, pois não se trata de uma pessoa que se sujeita com facilidade a normas e manuais. Geralmente, ele não é um amante da organização formal e, raramente, sua mesa de trabalho ou seu canto na casa são modelos de ordem e de cuidado.

VIRGEM – COLEÇÃO VOCÊ E SEU SIGNO ♍ 101

Não sendo pessoa muito organizada, se considerarmos organização como métodos rígidos de se realizar alguma coisa, ele faz de seu ambiente um lugar todo próprio, diferente, e no qual a ordem obedece sempre a critérios que só ele conhece.

O virgiano sabe onde estão as suas coisas e delas dá conta prontamente, mas não as arquiva em pastas numeradas seqüencialmente e ordenadas de forma correta, bonita e atraente. Ele, na verdade, é uma pessoa que se mostra indiferente à organização formal.

O dado diferencial desse processo de ordenamento mental está no fato de que, para o virgiano, uma das coisas mais importantes no seu modo de agir é fazê-lo com precisão. E isso se torna um hábito tão natural no nativo que ele age, quase sem perceber, de forma tão direta e objetiva que se pode medir milimetricamente o caminho que ele percorre na busca de seu objetivo.

Como resultado dessa precisão na forma de pensar, podemos afirmar que, raramente, se encontra um virgiano dispersivo, como o é, por exemplo, um nativo de Áries. Esse tipo de comportamento deriva da necessidade quase compulsiva que tem o nativo de descobrir e dissecar a origem das coisas, não importando o quanto pode ser difícil ou complicado entender aquilo que o motiva para uma tarefa, uma obrigação ou uma promessa.

Quando decide, o virgiano vai fundo na busca do conhecimento daquilo em que se aventura. E ganha pontos com a sua forma de raciocínio, analítica, detalhada e objetiva.

Por isso, quando envolvido em alguma atividade, o virgiano é bem confiável ao assumir o compromisso de terminá-la. Ele não se envolve por mera curiosidade e sempre leva as coisas até o fim, dedicando-se ao máximo à realização de suas tarefas.

Ele é assim em qualquer situação, desde um banho interrompido pela falta d'água que o obriga, ensaboado, a buscar canecas de água mineral para completá-lo, até o desempenho profissional em uma carreira que ele valoriza e à qual se integra até que tenha realizado seu objetivo.

Esse processo, no entanto, não se faz em vão. Por ele, paga o virgiano uma conta muito alta. No signo, é muito comum o nativo que acumula energia em excesso, empenhado que está em realizar-se, sem se dar um tempo para descanso. Habitualmente, ele dispensa enorme energia e, como conseqüência disso, mostra um comportamento mais tenso que a média das pessoas, concentrado em problemas e soluções e voltado para aquilo que prende suas atenções e cuidados.

Uma contradição nesse campo está no fato de que os virgianos mais bem-sucedidos em suas vidas — não em termos de bens acumulados, mas em satisfação pessoal — se realizam sempre em atividades opostas àquelas de sua carreira ou de sua rotina.

Se o virgiano típico, empenhado permanentemente em cumprir suas metas de vida material, tirar tempo para si, será a pessoa mais realizada que jamais se encontrará.

VIRGEM – COLEÇÃO VOCÊ E SEU SIGNO ♍ 103

Nessa derivação física ou mental de suas obrigações regulares, há um campo que atrai e realiza bastante o nativo. É aquele que lhe permite um contato mais aprofundado com a terra, o seu elemento na natureza. Assim, pode-se dizer que o virgiano se sente feliz ao caminhar descalço por uma estrada poeirenta, em um dia de domingo. Da mesma forma, ele tem enorme compensação interior e encontra seu equilíbrio ao moldar, com suas mãos, a cerâmica que também o leva ao seu elemento, a terra.

O virgiano tem, normalmente, um profundo relacionamento com a terra, não sendo difícil encontrá-lo em jardins, olarias e oficinas de cerâmica artesanal ou criando pequenos canteiros em terraços de edifícios na árida paisagem urbana.

Outro dos pontos de destaque da personalidade do signo está no seu senso crítico. Por ser pessoa que racionaliza com facilidade e que tem um raro poder de observação, ele desenvolve ao longo de sua vida um processo de comparação de ações que desemboca facilmente na crítica.

Dependendo do tipo virgiano, se mais ou menos bem-humorado, ele pode ser um crítico ácido e mordaz, destrutivo e sarcástico, ou aquele que faz apenas uma observação caricaturando a ação alheia, deixando que outros a ridicularizem. O risco é sempre o exagero da crítica, que pode tornar o virgiano uma pessoa de difícil convivência.

Por ser extremamente preocupado e considerar a vida uma coisa séria, ele tem a seu favor a lógica e a praticidade que, no entanto, muitas vezes, o impedem de ver o geral. O virgiano, como norma, vê o detalhe, nele se concentra, analisa, racionaliza e conclui, deixando de assimilar o conjunto no qual esse detalhe se insere.

É o caso do homem que descreve com minúcias as marcas do caule de uma árvore e não sabe sequer que essa árvore faz parte de imensa floresta ao seu redor. É uma forma de comportamento que deve ser observada pelo nativo, pois ela o deixa frágil diante daqueles que se lhe opõem.

Pessoalmente, o virgiano é uma pessoa que ama a limpeza e se mostra sempre cuidadoso com seu ambiente de vida, revelando-se, não raras vezes, muito apegado a princípios e noções básicas de higiene pessoal. A isso se integra outra forma curiosa de ação: ele gosta da natureza e tende a se tornar um adepto de regimes dietéticos e de produtos de origem natural, como forma de vincular-se ao elemento de seu signo.

Essa ligação com a terra se faz sentir de forma ainda mais profunda em seu modo de agir diante dos outros, quando ele reflete exatamente a marcha natural do elemento terra que, só em raras ocasiões, é convulsionado por fatores externos.

O nativo de Virgem sempre é prudente, revelando um tipo de temperamento que é comum aos demais signos deste elemento. Para ele, tudo deve ser sedimentado para mudar. Essa evocação dos processos de mudança característicos da formação da camada superior do planeta expressa a forma básica de agir e pensar do nativo.

Mas isso não significa que ele não se mostre sujeito a mudanças de humor e de formas de encarar suas próprias reações. Lentas e pensadas, elas podem levá-lo a momentos de forte irritação, em explosões de temperamento que surpreendem os que convivem com o virgiano e o sabem comedido nos gestos e pensamentos. Ele se mostra mesmo irritável quando enfrenta adversidade ou grandes obstáculos que não consegue controlar.

É então que ele demonstra por que é tão inacessível quando refugiado, a maior parte de seu tempo, em um mundo interior que guarda ciosa e cuidadosamente para não ser penetrado. A casca sob a qual se fecha o nativo é a sua forma de se manter dentro de um mesmo rumo de ponderação e de avanços cuidados.

Mas nesse quadro de temperamento fechado e distante é que se forma, ao longo da vida de Virgem, sua característica de lealdade a princípios e pessoas, em marca bem distintiva de sua forma de ser e de se apresentar diante do mundo.

Seu caráter revela toda a decência que ele imprime a seus atos, fazendo-se uma pessoa muito confiável e previsível para os que nela confiam. É típico dele sempre manter uma imagem de pureza interior e de caráter correto, e isso para ele tem uma significação muito maior do que para outras pessoas.

Esse dom de atrair confiança vem de sua natural reserva, pois, raramente, se encontra um virgiano dado a bazófias ou que espalha aos quatro ventos o que sabe e lhe é confiado. Bravata não é palavra que figure do dicionário mental de Virgem, que é sempre uma pessoa reservada, cética com relação a quase tudo e até mesmo contemplativa diante de tanta coisa que acontece à sua volta.

O comportamento do virgiano o leva, na maioria das vezes, a uma excessiva preocupação com minúcias e o detalhismo com os quais ele procura se inteirar daquilo que o interessa.

Ele tem uma necessidade compulsiva de abranger o maior volume possível de informações sobre o objeto de seus cuidados e fica, nessa busca, fechado em si mesmo, revelando aquela forma contemplativa de raciocínio. Ele não fala enquanto não tem para si que completou o volume de dados necessários para externar uma opinião.

Essa busca do detalhe, no entanto, mostra o lado negativo de um excesso no temperamento do signo, e é quando ele vê a árvore e, simplesmente, ignora tudo o mais em torno, desconhecendo solenemente o exuberante matagal ao seu redor.

Não se pode, na verdade, dizer que o nativo de Virgem, por isso, é um ser desatento ou descuidado. Não. Ao contrário, ele é um observador nato, mas um observador que consegue concentrar-se em coisas que o fazem conhecedor profundo do objeto de sua observação.

Para ele, não é possível perder tempo com visões tão amplas que o impeçam de enxergar com exatidão aquilo que procura. Ele é um inquiridor minucioso que busca capacitar-se a responder a qualquer questionamento sobre o assunto e, para isso, vive uma permanente busca do conhecimento.

Esse tipo de comportamento mental que o virgiano desenvolve para ser auto-suficiente no conhecimento das coisas que lhe interessam leva a uma curiosa constatação: ele, na maioria dos casos, é melhor para obedecer do que para comandar.

O virgiano não sabe considerar alguma coisa completa antes de somar os dados necessários para tanto, nunca conseguindo a generalidade do saber que faz o chefe ou o líder. Para ele, é importante desenvolver um programa medido e compassado de conhecimento, que é lento e não condiz com as formas usuais de mando e domínio.

Há mesmo uma conceituação que diz que este nativo é o mais capaz dos elementos de apoio de uma chefia, pois serve sempre de seguro suporte a seu chefe, unindo a lealdade ao conhecimento.

O nativo de Virgem mostra, invariavelmente, uma capa de racionalidade que deriva de sua forma de raciocínio, aquele pensamento medido e controlado que vai somando conhecimento de uma coisa a outra até compor o quebra-cabeça que lhe é proposto. Sabe muito bem onde as peças se encaixam, à medida que as coloca nos lugares certos. Nunca antecipa a visão geral do quadro por mera especulação. Diferentemente de outras pessoas que deixam de lado o raciocínio lógico para agir de forma impulsionada pela emoção, ele sufoca o sentimentalismo e só conclui por conhecimento verificado e comprovado.

Apesar de não talhado para estar à frente de um grupo, ele consegue se destacar dos demais exatamente por ser tão controlado e firme na aquisição do conhecimento.

Há, no nativo de Virgem, uma chama interior que o impulsiona, pela razão, a se superar, sempre. Se hoje ele sobe um degrau de uma escada do saber, já estabelece, como plano para o amanhã mais próximo, galgar o outro degrau. Não aos pulos e arrancos, mas medidamente, lentamente e seguramente, fazendo com que cada passo seu seja a prova de que ele aprendeu direito e agora vai somar, ao que já domina, mais uma etapa do conhecimento.

Por isso, pode-se afirmar, com segurança, que o virgiano tem o eixo de seu universo no trabalho, onde se revela meticuloso e atento e sempre à procura de meios e processos para obter ordem da confusão.

Ainda sob esse aspecto, para ele, as coisas devem seguir um curso natural e próprio de ordenamento, ao qual tudo tem que se moldar em uma seqüência preestabelecida mentalmente e que ele segue de forma quase rígida, segura e firme. Dessa extrema capacidade de ordenar-se, surge a afirmativa de que o nativo quer determinar, no caos que o cerca, uma certa ordem regular para as coisas.

Para o nativo mais evoluído há uma diferenciação em relação aos seus companheiros de signo. Ele, por meio do conhecimento adquirido e da experimentação sedimentada, consegue discernir o trivial do essencial, superando uma de suas principais deficiências em relação a qualquer coisa que apresente, para sua compreensão ou execução, um grau mais alto de dificuldade ou de realização. Trabalha sempre com a sua realidade prática, ordenando coisas e se organizando para realizar tarefas sucessivas, uma por vez, até alcançar o resultado pretendido.

Por precisar de bases racionais para poder agir, o virgiano se torna retraído como resultado de seu comedimento e meticulosidade. Fechado, voltado para o próprio interior, diante do receio de se expor ou de mostrar fraqueza com o que considera falta de conhecimento, torna-se introspectivo, o que o envolve em uma aura de mistério.

Em outras pessoas, esse tipo de comportamento se manifesta de modo diferente, pois, se têm dificuldades de expressão, ou elas partem para o exibicionismo ou se afastam do problema, o que não acontece com o virgiano. Pouco passional, ele foge da dramaticidade e de complicações e se fecha, mas nunca age de forma impulsiva ou inconseqüente, alardeando aquilo que não conhece ou não sabe.

Em termos espirituais, há no virgiano uma constante e permanente busca da verdade, o que chega, em alguns casos, a dar um sentido místico à sua vida. Isso combina de forma extraordinária com a maneira tímida de seu comportamento, como se fosse um pessimista.

Embora o misticismo religioso não seja coisa distante do seu caráter, ele luta sempre contra aquilo que não consegue racionalizar e explicar. Os dogmas e mistérios que cercam as religiões são sempre um desafio profundo para o nativo que, se tem tendência à religiosidade, mostra-se sempre um pesquisador do que não pode explicar ou um contestador dos princípios que deveriam ser imutáveis na prática da religião que abraçou.

Seus processos mentais exigem a calma e a tranqüilidade de um lugar onde não possa ser distraído ou desviado. É por isso que ele tende, de forma habitual, a ser um solitário que detesta o barulho e a confusão, afastando-se dos locais muito movimentados, como, por exemplo, quando se distancia em festas e celebrações, observando de longe o desenrolar da alegria ou da confusão.

Não é difícil encontrar o virgiano hipocondríaco. Ele tem no sistema nervoso o seu ponto franco e desenvolve, em razão disso, raciocínios muito próprios e especiais sobre seu corpo e sua mente. Daí derivam suspeitas de doenças e seu envolvimento com o uso indiscriminado de medicação. Pode ele, por vezes, ser um ávido leitor de bula e observador de sintomas de males que chegam a seu conhecimento, armazenando detalhes que, mais tarde, usa contra si mesmo, julgando-se doente ou vitimado por algum mal.

Conceitos-chave positivos

Confiabilidade — Conseqüência da forma de agir sempre ponderada e séria do leal nativo.

Justiça — Resultado prático do ordenamento mental que o virgiano faz dos prós e contras de qualquer situação.

Capacidade operacional — A paciência e a segurança com que desempenha suas tarefas, sem se afobar em conquistar poder e postos, fazem do nativo uma pessoa operosa.

Meticulosidade — É uma das principais características do signo e vem da necessidade que o nativo tem de se inteirar de tudo sobre todos.

Sagacidade — Origina-se de toda a capacidade que o nativo tem de perceber detalhes e deles tirar uma visão real do problema.

Prudência — Sua forma de ser o leva a ações sempre comedidas e pensadas, o que o favorece na prudência e nos cuidados diante de outros.

Eficiência — Deriva da necessidade de perfeccionismo de Virgem em todos os seus atos.

Solicitude — O senso de participação do virgiano se traduz em ações efetivas de ajuda, quando necessária.

Racionalismo — Os processos de raciocínio do nativo são diretos e objetivos, fundando-se apenas em fatos.

Altruísmo — É capaz de gestos de desprendimento quando considera justos os seus objetivos.

Conceitos-chave negativos

Criticismo — Por saber e se especializar, torna-se crítico da ação alheia, comparando-a sempre com sua forma de agir em igual circunstância.

Preocupação — Seus deveres e obrigações ocupam a maior parte de seu tempo e pensamentos, fazendo-o, por vezes, excessivamente voltado para si mesmo.

Nervosismo — Aspecto que deriva de sua incapacidade de tolerar a impossibilidade alheia de partilhar o mesmo grau de conhecimento. É também um aspecto físico decorrente da regência do signo sobre o sistema nervoso.

Apreensão — Sua necessidade de cumprir com suas obrigações o faz reagir diante da impossibilidade ou da incerteza.

Senso de pudor — Os conceitos tradicionalistas, apegados a uma ordem moral mais rígida, fazem-no dono de forte senso de pudor.

VIRGEM – COLEÇÃO VOCÊ E SEU SIGNO ♍ 113

Calculismo — O nativo é levado a agir de forma calculista diante de sua estrutura ordenada e rígida de pensamento.

Exigência — A busca do perfeccionismo o leva a exagerar na exigência quanto ao desempenho alheio para que se iguale ao seu.

Mesquinharia — O detalhismo revela por vezes a tendência à mesquinharia.

Indiferença — Aparência de desligamento que surge de sua concentração em detalhes.

- *Suas ações, virgiano, devem sempre se pautar numa tentativa de compor um quadro geral sobre tudo aquilo que lhe disser respeito. A necessidade de se assenhorear dos detalhes não deve prevalecer sobre o conjunto que, às vezes, tem mais importância. Por isso, busque sempre meditar sobre a projeção daquilo que faz, no conjunto, idealizando um quadro pronto de suas ações. Da mesma forma, sua noção de responsabilidade diante da vida deve descobrir considerações que façam do trabalho um elemento para sua auto-satisfação e não um fim ou objetivo único de vida. A prudência não pode nunca abafar seu senso criativo e você deve evitar o excessivo apego a coisas pequenas que revelem mesquinharia ou o prendam demais a minúcias. A meticulosidade deve ser um elemento a seu favor, na busca da perfeição e não um excesso a ser cumprido à custa de sacrifícios. O lazer e a realização espiritual devem fazer parte de sua estrutura de pensamento.*

Exercícios virgianos

- Diante de qualquer oportunidade que o leve a crítica, procure pensar um pouco antes de emitir seu conceito, considerando bem o potencial, a capacidade e as condições do ato ou da pessoa que pretende avaliar. Não o faça pensando em si próprio.
- No seu cotidiano, procure sempre evitar que a sua mente seja dominada por detalhes da rotina. Aprenda a deixar cada problema em seu compartimento especial, de forma que não acumulem espaços em seu cérebro. Assim, dormitando, ele vai se aproximar da solução que você deseja.
- Por se ater quase sempre ao detalhe, você deve procurar ampliar a sua visão do geral. Deixe que sua imaginação o conduza a um quadro mais abrangente de tudo aquilo que lhe passa diante dos olhos. Exercite sua mente para ver o todo também.
- Seu senso de observação e sagacidade deve ser cultuado e valorizado, pois é através dele que você encontra o melhor de si, evitando repetir

em seus atos os erros que cometeu, criando uma defesa contra os erros de outras pessoas.

O homem de Virgem

Um ser essencialmente prático, moldado em dons de caráter que, por vezes, o fazem uma pessoa fora de seu tempo, tamanha a integridade que o cerca. Assim é o virgiano, um homem que faz da retidão de caráter e da lealdade princípios que hoje raramente se encontram nas pessoas comuns.

Tudo isso mesclado a um temperamento que vive preso a chamamentos de ordem material e a atos que têm pouco de romantismo ou idealismo, caracteriza de forma bastante forte alguém de quem se pode dizer, com certeza: é uma pessoa digna de total confiança.

Dotado de raro senso de proporção, com uma inteligência que revela toda a sua acuidade mental, ele é curioso, meticuloso e firme nas decisões que toma. Por suas próprias concepções, reage de forma indignada e intensa quando se defronta com alguma dúvida sobre seus objetivos, princípios e moral. Isso reflete também uma forma curiosa de reação do virgiano, que é a de se magoar e se fechar, quando dele duvidam.

É possuidor de uma enorme auto-estima, resultado da fé que tem em si mesmo. Sabe que quando conclui alguma coisa, é porque já esgotou, mentalmente, todas as possibilidades de que aquilo que pensa possa ter outro significado.

Sua forma de encarar desafios e problemas é a de dominar plenamente aquilo que o intriga, antes de chegar e externar qualquer conclusão. Uma vez feita sua opção, dela dificilmente se afasta.

Por vezes chega à exasperação, especialmente quando frontalmente contestado ou desafiado. Mas isso não implica um comportamento irascível ou destemperado. Ao contrário, o virgiano típico é comedido e ponderado.

Ele ama o isolamento e, não raro, mantém-se fechado em si mesmo, como forma de se proteger diante do que desconhece e que considera hostil.

Ao longo de sua vida, o nativo de Virgem desenvolve uma forte carência afetiva, conseqüência de sua maneira de ser. Mesmo quando repele demonstrações mais íntimas de contato físico ou pessoal, ele guarda em si essa necessidade de romance que, quase sempre, não se manifesta. Isso o torna arredio e um pouco amargo. Na verdade, o virgiano tem dificuldade de se relacionar afetivamente, pois, na ânsia de mudar os que o cercam, critica e censura, afastando aqueles que dele mais gostam. Também no amor é meticuloso e detalhista.

É muito perceptivo e sensível a coisas que acontecem à sua volta. Gosta do conforto, de boas roupas e se cuida com esmero. Sua visão do mundo faz com que procure sempre se aprimorar e tornar bem próprios, todos seus, os recantos onde vive. Ali, ele se sente à vontade, reúne amigos e dá curso à sua mente analítica e meticulosa.

Dificilmente se consegue enganar um virgiano, tamanha é a sua capacidade de ler nas entrelinhas sutilezas de intenções e de caráter. Dada a sua capacidade de observação, é um exigente analista do temperamento alheio e, a ele, nenhum defeito passa despercebido. Da mesma forma, sabe reconhecer, embora não expresse isso com facilidade, as qualidades e dons das pessoas.

A simplicidade é uma das mais marcantes tendências da vida e do comportamento do virgiano típico.

A mulher de Virgem

Dona do esmero e do cuidado, sensível e sempre observadora, a virgiana típica é mulher que deixa marca profunda em todos os seus relacionamentos, sejam eles superficiais ou meramente sociais ou, ainda, os mais profundos, de envolvimento afetivo duradouro.

Realista e consciente, ela sabe o que quer e deixa claro seus objetivos e seus caminhos, sem enganar ninguém quanto à sua forma de ser e agir.

Firme em suas opiniões, a mulher de Virgem é quase sempre considerada teimosa e persistente, o que não se coaduna de forma nenhuma com o caráter romântico que se espera da mulher.

Prática, diante dos rodeios de uma corte masculina, ela se confunde e passa a agir com certa timidez diante do homem. Além do medo do desconhecido, tem vergonha de se expor e revelar aquilo que sente.

Para ela, o apaixonar-se lembra submissão, e esta não é palavra comum em seu dicionário. Raramente, a virgiana é a típica esposa submissa, tal a sua independência e personalidade.

Conservadora e tradicionalista, ela encara o relacionamento afetivo ou o sexo com uma seriedade que não se encontra facilmente. Para ela, o relacionar-se afetivamente com uma pessoa é comprometer-se, e isso implica responsabilidades mútuas e deveres e obrigações que segue por toda a vida de forma rígida e firme.

De uma elegância sóbria, a nativa do signo chama a atenção pelo porte e pela dignidade que dá a sua forma de se portar em público. Sem se preocupar excessivamente com a opinião alheia, assim procede mais para satisfazer a seus próprios limites.

É uma requintada apreciadora de seus próprios méritos. Por isso, sempre desdenha e critica o desmazelo dos outros. O homem que pouco se cuida não tem muitas chances com essa mulher tão especial, digna, confiável, honesta e tradicionalista.

Habitualmente, a nativa de Virgem busca a ordem em tudo o que faz. É organizada em casa, minuciosa no trabalho, seletiva em suas escolhas, detalhista e segura ao mostrar os caminhos que procura pela vida afora. Isso faz dela uma pessoa que detesta relacionamentos confusos ou pessoas que não sabem se definir.

VIRGEM – COLEÇÃO VOCÊ E SEU SIGNO ♍ 119

A exigência de clareza e objetividade é uma constante em seu modo de se relacionar com seu meio. Intelectualmente, não é uma figura que domine tudo e chame a atenção pela amplitude de seus conhecimentos. É comedida em saber, mas o que sabe, sabe com profundidade que não a envergonha ao discutir o tema.

Na profissão, quando gosta do que faz, torna-se facilmente uma viciada no trabalho, verdadeiramente uma profissional de méritos e valores que a levam a permanecer num emprego por longo tempo.

Maníaca por ordem e pela perfeição, pode desenvolver um caráter extremamente exigente consigo mesma e com os outros, em torno desses elementos. Ela organiza a própria vida como o faz com as gavetas de seu guarda-roupa e leva adiante sua rotina, colocando em compartimentos arrumados todas as suas conquistas, frustrações, medos e anseios.

Adora o silêncio e persegue a harmonia no ambiente em que vive, onde faz do seu conforto pessoal meta e realização.

Por isso, a mulher de Virgem é sempre uma calada admiradora da ordem, que só deixa que as coisas fujam a seu controle se estiver excessivamente ocupada em realizar-se com o trabalho ou com uma tarefa que considera mais importante.

O amor e o sexo em Virgem

Para quem faz de sua vida uma permanente busca da perfeição, os virgianos são, no amor, o exemplo mais correto da imagem de brasas sob cinzas em uma fogueira. Contidos, metódicos, tímidos e ordeiros na sua forma de agir, fazem do amor e do sexo uma forma de expressão que obedece a todos os princípios que impõem à sua vida. Mas, por baixo das exigências de seu conservadorismo, serão sempre amantes apaixonados e dedicados, se conquistados para esse amor.

Habitualmente, o virgiano é contido em relação ao sexo, que considera muito sério para ser desperdiçado com atitudes irresponsáveis ou levianas. Para ele, tudo o que se refere ao amor deve ter a seriedade do eterno, a permanência do sempre e a responsabilidade de todos os seus compromissos.

O virgiano típico nunca assume o sexo sem amor e só se dá a aventuras passageiras em circunstâncias especiais de carência física ou como fuga.

O temperamento do nativo, metódico, lógico e objetivo, se reflete também na forma como ele se relaciona com o amor. Por princípio, está sempre avaliando a si próprio e seu parceiro quando se trata de um relacionamento mais duradouro. E cada encontro, cada relação, cada gesto ligado aos seus sentimentos tem para ele um caráter especial e significativo.

O primeiro ponto a se destacar na forma com que o

VIRGEM – COLEÇÃO VOCÊ E SEU SIGNO ♍ 121

nativo encara o sexo é que ele só o considera satisfatório e pleno quando envolto num clima de sentimento.

Por isso, a gentileza e todos os atos dos *jeux d'amour* têm que ser medidos e pensados. O virgiano jamais tolera a grosseria, a vulgaridade e a falta de tato. Para ele, o amor se concretiza no sexo e isso se faz com o mesmo requinte e sofisticação que procura para seu modo de agir.

Por tudo isso, o nativo de Virgem não é pessoa que manifeste muita disposição para o sexo apenas pelo prazer físico. O sexo é a complementação de todo um processo de envolvimento afetivo que tem na responsabilidade entre os parceiros um dos seus pontos mais altos.

É comum ouvir-se do virgiano a afirmativa de que o amor se completa com o sexo e que a prática do sexo pelo sexo é mero instinto. Ele age e pensa dessa forma, o que o leva à postura conservadora em alguns casos. O excêntrico e o extraordinário em matéria de relacionamento físico não são comuns entre os filhos de Virgem, que exigem, até mesmo numa relação física, uma lógica para praticá-la.

A necessidade que o virgiano tem pela ordem em sua vida pode servir-lhe de entrave em relação ao amor e ao sexo. Para ele é inconcebível alguém viver ou se relacionar em meio à desordem, à confusão. Isso é plenamente refletido na escolha que o nativo faz dos locais para namorar ou se relacionar. Estes só o satisfazem se são tranqüilos, inspiram harmonia e segurança, intimidade e privacidade.

O parceiro do virgiano ou da virgiana vai ter que agir sempre com tato ao se relacionar. De nada lhe adianta se comportar de forma dominadora ou impositiva. Qualquer discussão ou polêmica esbarra em um muro de fria resistência e, com certeza, dá fim ao clima de romantismo que os cerca e faz do nativo um oponente e não um parceiro.

Sem demonstrar abertamente ciúme ou arroubos de uma grande paixão, o virgiano busca sedimentar o seu amor em princípios de companheirismo e amizade que levam em conta princípios morais, modo de agir e de se comportar e respeito mútuo.

Isso faz do nativo uma pessoa excessivamente medrosa em experiências novas no campo sentimental. Para alcançar pontos mais altos de imaginação criadora, tanto no amor quanto no sexo, depende, sempre, do estímulo e do encorajamento de seu parceiro.

Dedicado e prestativo, o virgiano revela-se excelente companheiro quando seu relacionamento afetivo encontra o ponto ideal. Tanto o homem quanto a mulher do signo são muito mais cúmplices e amigos que competidores diante dos desafios da vida.

A infidelidade não é comum entre os nativos que fazem de sua dedicação ao companheiro ou companheira uma forma de mostrar sua maneira de amar.

Uma vez que o nativo de Virgem é pouco dado a expressar sentimentos, deve-se ver em seus gestos o grau de intensidade com que ele ama.

As combinações de Virgem no amor

Quais são os signos mais compatíveis entre si? A pergunta que mais se faz quando se trata de astrologia poderia ter uma resposta simples e direta: todos os signos têm elementos compatíveis e todos nós, seres humanos, temos, em nosso mapa astral, elementos de outros signos.

Apesar disso, existem algumas pequenas diferenças que, no relacionamento amoroso, assumem caráter maior ou menor, dependendo da forma como reagimos aos fatos. Muitas vezes, a agressividade de um é bem recebida pelo outro parceiro, enquanto, em outra situação um dos parceiros poderá reagir duramente a esse mesmo elemento.

No caso de Virgem, o primeiro elemento a se levar em conta é a compatibilidade de elementos. Se os nativos que buscam a convivência tiverem predominância de elementos compatíveis em seus signos solar, ascendente e lunar, terão maior chance de conviver bem. Assim, valem a equações: terra + terra + terra ou terra + água + terra ou ainda terra + água + água. Por elas, há uma chance bem maior de acerto no relacionamento afetivo.

♍ ♈ **Virgem + Áries** Esta é uma combinação de dois signos profundamente diferentes. Só os unem interesses comuns de ordem material. O sentido de ordem e de detalhe de Virgem não se casa facilmente com o impulsivo e desordenado nativo ou nativa de Áries. Apesar disso, a submissão pode levar a um entendimento que tenha o sexo como primado.

Virgem + Touro O mesmo elemento governa os dois signos e isso é um bom ponto de partida. Eles se mostram próximos e mais voltados para coisas comuns. Há, no entanto, pontos frágeis que podem se mostrar de difícil controle: o senso crítico virgiano e a teimosia taurina são obstáculos que devem ser contornados e tolerados para um bom ajuste.

Virgem + Gêmeos A combinação dos elementos terra e ar nem sempre é positiva para um relacionamento afetivo duradouro, embora, neste caso, o geminiano complete bem o caráter de Virgem. Para o virgiano, faltam elementos que sobram em Gêmeos e isso complementa bem uma relação que, no entanto, esbarra na infidelidade e constante mutação de seu parceiro ou parceira.

VIRGEM – COLEÇÃO VOCÊ E SEU SIGNO ♍ 125

Virgem + Câncer Neste relacionamento há uma combinação positiva, se ambos pensam em algo mais duradouro que um simples caso ou uma aventura de ocasião. Eles se complementam bem, embora partam de uma postura de repulsão inicial. O senso doméstico de Câncer atende às necessidades virgianas. Virgem dá ao desordenado Câncer um sentido de vida mais útil, gerando para ambos uma boa parceria.

Virgem + Leão Elementos distintos, planos de vida completamente diferentes. Esta combinação é curiosamente uma das mais profícuas do zodíaco por unir ambição e realismo. Todavia, é preciso que ambos tenham objetivos comuns na vida. A inconstância leonina, sempre em busca do mando, pode afetar o caráter virgiano. Neste caso, Virgem há de ceder quase sempre, o que pode ser negativo a longo prazo.

Virgem + Virgem Dois signos do mesmo elemento mostram um relacionamento afetivo baseado na sensibilidade e na harmonia, disposição que se caracteriza de forma notável para compor a personalidade de Virgem. Isso pode ser a base de um relacionamento duradouro, embora tendente ao tédio e ao marasmo. Mas, em tudo, é uma boa combinação, desde que ambos se disponham a fugir da rotina.

Virgem + Libra É um relacionamento positivo e que tende a se manter, especialmente pelo romantismo que Libra dá à relação, elemento que habitualmente falta a Virgem. Qualquer relacionamento, neste caso, será sempre duradouro pelo sentido de amizade que ambos desenvolverão. Estarão, no entanto, sujeitos a conflitos e desavenças até se ajustarem. Se superadas as diferenças, será a união mais duradoura do zodíaco.

Virgem + Escorpião A combinação de terra e água sempre leva a um relacionamento profícuo. Neste caso, isso se amplia na passionalidade de Escorpião e no sentido de dedicação e fidelidade que domina Virgem. No entanto, Virgem dificilmente aceitará com passividade a exuberância sexual de Escorpião e suas exigências que quebram a harmonia do signo. O ciúme do parceiro será a pedra no caminho de ambos.

VIRGEM – COLEÇÃO VOCÊ E SEU SIGNO ♍ 127

Virgem + Sagitário Bem próximos em ideais de vida, aspirações de crescimento interior e espiritualidade, Sagitário e Virgem não mostram no amor o mesmo apego. A ânsia pela liberdade sagitariana é fator de desentendimentos permanentes entre os dois que, em torno disso, nunca acharão ponto comum, a não ser que um deles se submeta inteiramente ao outro. Isso significa um risco constante para a relação.

Virgem + Capricórnio os dois são bastante próximos em tudo o que fazem e pensam. Seu caráter é semelhante e isso pode levar, inicialmente, a um bom relacionamento que, no entanto, tem um inimigo insuperável: a rotina. Nem mesmo a proximidade de interesses materiais comuns pode salvar o que se esboroa e se corrói nos sonhos não realizados. É uma relação que se dá melhor nos negócios que nas coisas do coração.

Virgem + Aquário Aquário, sonhador e adiantado ao seu tempo, mostra a Virgem, conservador e crítico, um mundo que pode ser positivo, se ambos souberem manter uma relação tão diferente quanto excitante. É um relacionamento que compensa mais a Virgem que a Aquário e nisso reside o risco, pois Aquário, com o tempo, tende à infidelidade. Se superadas as dificuldades iniciais, a originalidade manterá a relação.

Virgem + Peixes Uma boa combinação surge da proximidade do sentimental e sonhador Peixes com um virgiano racional e seguro. Este relacionamento poderá completar ambos os signos e, com isso, criar um grande amor fundamentado nas fragilidades e qualidades de cada um. Há que se cuidar da permanente indecisão e apatia piscianas, fatores que desestruturam a relação. Virgem assumindo o controle faz o relacionamento ser duradouro.

A saúde e o virgiano

Com os pontos frágeis de seu corpo localizados na coluna cervical, sistema nervoso e nos intestinos, o virgiano é uma pessoa que, geralmente, mostra boa resistência física, pouca propensão à doença e que conserva por longo tempo uma aparência jovial e de muita vitalidade.

VIRGEM – COLEÇÃO VOCÊ E SEU SIGNO ♍ 129

Isso vem de uma consistência física que faz o nativo resistente às formas comuns de debilidade física. Também na saúde ele racionaliza e se cuida de forma mais regular e firme que outras pessoas.

Os cuidados com a coluna precedem qualquer outro, entre os nativos que se obrigam a sempre observar a postura e a forma de caminhar, sentar-se e dormir. Quase sempre, os problemas nessa área derivam de posturas incorretas que simples exercícios podem remediar ou recuperar.

Na idade mais adulta é que os problemas virgianos surgem com maior intensidade. Há a deterioração do sistema ósseo e a descalcificação. As mulheres do signo são extremamente sujeitas a osteoporose.

A alimentação tem papel fundamental nos problemas intestinais do nativo e, na verdade, pode-se afirmar que essa área frágil do organismo virgiano começa com o estômago.

A regularidade na alimentação, a atenção com a qualidade dos alimentos e a escolha daqueles que são mais fáceis de digerir são as formas de se obter uma saúde melhor. Fibras, legumes, frutas e verduras são bem indicados em qualquer dieta tipicamente do signo.

O risco para o nativo que se dá a exageros com a alimentação é o aparecimento de doenças crônicas que, ocorrendo, provocam profundas mudanças no seu comportamento e, não raramente, o levam a mostrar sinais de hipocondria. Isso se soma às deficiências nervosas que o atacam, gerando quadros sintomáticos bem acentuados que apontam males imaginários e dores nem sempre localizáveis.

Na fitoterapia, o nativo tem um vasto campo de elementos para se medicar. O uso de plantas para regularizar o funcionamento dos intestinos mostra vantagens. Neste sentido, destacam-se o chá de boldo (*Pneumus boldus*) e de alho roxo (*Allium sativum*) e os xaropes de flores do jambo (*Eugenia malaccensis*) e das folhas e flores do pessegueiro (*Prunus persica*). Um dos mais tradicionais laxantes que se conhece também tem sua origem na fitoterapia e é aconselhado ao virgiano: a ameixa-preta que, deixada em água por mais de 12 horas, produz um medicamento excelente contra a prisão de ventre.

Para os problemas com a coluna, a fitoterapia recomenda o óleo puro das sementes da andiroba para fricção, que pode também ser feita com o resultado da decocção do alho roxo ou do melão-de-são-caetano.

O trabalho virgiano

Para o nativo de Virgem, um elemento é fundamental quando se fala de trabalho: a movimentação. Uma ocupação que o leve ao ócio e à inatividade, ainda que bem remunerada, significa a condenação definitiva a um purgatório.

É essencial para este mercuriano uma atividade regular em que ele tenha sempre o que fazer. Isso se prende a um sentimento de culpa que o nativo revela se obrigado a ficar à toa, no lazer e no ócio, e receber salário por isso.

Realizando-se com muita atividade à sua volta e apreciando empresas em que aplicam suas atividades profissionais, os nativos são extremamente meticulosos em tudo que se refere à profissão, o que os torna bons trabalhadores no que exige cuidado, minúcia, detalhe e observação.

Dedicado ao que faz e gostando da profissão que exerce, o virgiano persegue seu aprimoramento, jamais se conformando com posições inferiores e com o pouco conhecimento daquilo que executa.

Se satisfeito com sua ocupação, é o mais interessado dos profissionais, ativo, diligente, empenhado na busca de soluções e no cumprimento de prazos e normas. Isso, muitas vezes, o leva a exageros e a um comportamento que o afasta de outras coisas, tornando-o um viciado no trabalho.

Há nisso uma noção de dever que o nativo leva a sério e na qual se empenha de uma forma muito intensa, chegando a ponto de eleger esse compromisso como sua atividade regular, a coisa mais importante em sua vida, o que, não raro, lhe cria situações difíceis em família.

Os campos de atividade mais aconselhados ao nativo se ligam àqueles cujas tarefas exigem precisão, discriminação, método e minúcia. Isso abre ao virgiano o vasto campo da pesquisa e da investigação nas suas mais diferentes formas, da biblioteconomia à patologia clínica. Tudo isso envolvendo dons e características que acentuam a paciência e o detalhismo, qualidades que fazem a alegria do profissional do signo.

Para o nativo, no campo profissional, é essencial que seu trabalho se faça em condições e locais adequados, por isso, é contraproducente colocá-lo em instalações improvisadas ou impróprias para a tarefa que ele vai desempenhar. Se isto acontece, ele se sente frustrado e tolhido e apresenta um desempenho insatisfatório. Pode, por excesso de detalhismo, se tornar moroso, o que, no entanto, não se constitui em defeito e, sim, numa qualidade, pois só dá por concluído seu trabalho quando o julga perfeito dentro de suas concepções.

A sociedade com o nativo de Virgem é complicada e difícil pelo padrão de exigências a que ele se impõe e requer dos que partilham seus interesses. Escravo do trabalho, tende a avaliar os outros por si mesmo e isso é uma fonte permanente de atritos e de complicações. É cauteloso em matéria de finanças e econômico com o que faz.

Tem grande habilidade manual e nem sempre almeja ocupar posições de destaque nas suas atividades de rotina. Entretanto, buscar o progresso, o êxito e a conquista profissional é ponto de honra para o nativo que nem sempre adquire grande fortuna com o trabalho, pois seu principal interesse está na sua realização interior e não no ganho financeiro com aquilo que faz.

FATORES DE COMPENSAÇÃO PROFISSIONAL

- A realização de tarefas ou um trabalho que lhe permita atuar com tranqüilidade e paz, sem ingerência ou excessivo comando e controle.
- A execução de encargos que exijam continuidade e conhecimento de detalhes da operação.
- Acesso a elementos, dados e ferramentas que lhe dêem condições de cumprir com exatidão a sua tarefa.
- Liberdade para compor, ao seu estilo, o local de trabalho, a bancada de pesquisa ou a mesa de digitação.

CAMPOS PROFISSIONAIS MAIS INDICADOS

Advocacia, biblioteconomia, química, botânica, relojoaria, mecânica, desenho, nutricionismo, medicina pediátrica, gastroenterológica e patológica, polícia judiciária, pedagogia, processamento de dados, pesquisa, estatística, análise de sistemas, arquitetura, escultura, carpintaria, jardinagem, pesquisa científica, línguas, artesanato, esportes.

Os muitos signos nos decanatos de Virgem

A divisão do signo de Virgem em três decanatos distintos, como acontece com os demais signos, nos dá tipos diferenciados de nativo. O primeiro deles recebe uma influência determinante do signo anterior, Leão. Os nascidos no segundo decanato revelam um temperamento típico e puro do signo. Finalmente, os do terceiro decanato absorvem a influência do signo seguinte, Libra, e mesclam características virgianas e librianas.

TIPO VIRGEM-LEÃO — DE 23 DE AGOSTO A 1º DE SETEMBRO

Regência Mercúrio-Sol ☿ ☀ Aquele que aniversaria entre 23 de agosto e 1º de setembro pode comemorar a junção de elementos muito fortes que o tornam uma pessoa bem diferente dos demais nativos de seu signo.

Unindo elementos positivos de um signo da terra — pensativo, ponderado, medido e equilibrado — com os dons fogosos e positivos de Leão, ele se mostra uma pessoa modesta, observadora, discreta e que sabe o que quer da vida, cumprindo uma jornada firme e segura até seu objetivo final.

Amante da perfeição, dá um pouco de idealismo a

VIRGEM – COLEÇÃO VOCÊ E SEU SIGNO ♍ 135

suas metas, das mais ambiciosas às mais singelas. Dotado de uma rara capacidade de raciocínio, que o capacita a tarefas as mais delicadas e a suportar exigências fortes do cotidiano, tem que evitar o exagero crítico que pode acontecer em sua vida, como mistura dos elementos fogo e terra. Desta forma, supera a mania de organização quase obsessiva e modera um comportamento que o fragiliza diante das pessoas.

No caso deste nativo, o perfeccionismo natural do virgiano pode descambar para uma busca de aprovação alheia por exigências que vão afetar a si próprio, mudando a sua forma de ser.

O desprendimento é sua maior virtude.

TIPO VIRGEM-PURO — DE 2 A 11 DE SETEMBRO

Regência Mercúrio-Vênus ☿ ♀ Uma pessoa que procura no estudo, no critério e na determinação a perfeição em sua vida. Assim é, embrionariamente, o nativo puro de Virgem, aquele que nasce entre 2 e 11 de setembro.

Por absorver todas as qualidades e defeitos do elemento terra, é seguro de si, determinado a ponto de, por vezes, se mostrar teimoso. Perfeccionista em tudo o que empreende e pensa, desenvolve certa melancolia em sua vida mais íntima.

Analista dos próprios atos e das ações de outras pessoas, que interpreta com raro senso crítico, ele procura, vida afora, obter um ideal de perfeição que jamais encontrará. Com isso, mostra-se frustrado por não ter ao seu lado pessoas como ele.

Realista, é muito prático e isso pode ser visto em sua busca pelo conforto que valoriza como ninguém. A percepção que desenvolve o faz sensível diante das pessoas, das quais não consegue esconder sua constante preocupação com alguma coisa.

O preconceito complica um pouco a sua vida, levando-o, às vezes, a atitudes que parecem mesquinharia, mas que se ligam à sua busca de detalhes. Reage a críticas, mas sabe como ninguém o rumo a seguir para alcançar seus objetivos.

TIPO VIRGEM-LIBRA — DE 12 A 22 DE SETEMBRO

Regência Mercúrio-Mercúrio ☿ ☿ O perfeccionismo virgiano encontra, naquele que nasce entre 12 e 22 de setembro, um campo bem vasto para se desenvolver, embora neste caso surjam elementos novos que compõem um quadro curiosamente diferenciado.

A perfeição, no que se refere ao nativo deste decanato, é vista sob o ângulo do equilíbrio, como o arquiteto que projeta as mais suaves colunas dentro do mais rigoroso cálculo estrutural. O virgiano com influência de Libra apresenta detalhismo e exigências, e no entanto, se submete à constante procura de relacionamento com outras pessoas e do equilíbrio, uma ânsia tipicamente libriana.

O senso estético de Libra permite ao virgiano desenvolver critérios que normalmente não se encontram em seu signo e lhe dão um potencial muito grande para criar, dom que não tem tal significação na figura de seus companheiros de signo.

Diligente, ele se dedica a absorver necessidades alheias, guardando tudo até que algo dentro dele o faz explodir em reações inesperadas.

É romântico de uma forma que contrasta com o materialismo comum em Virgem.

O nativo deste decanato não rebate críticas, o que lhe causa um grande mal. É objetivo, justo, criterioso e prático em tudo o que empreende.

Capítulo 4

O Temperamento

O ascendente revela os seus segredos

O que, para os leigos, é um intrigante "signo ascendente", para os mais versados em astrologia é um dos principais elementos da análise de características de uma pessoa. Aos poucos, esse dado vai ganhando importância muito grande para os que se interessam pelo estudo da influência astral sobre o ser humano, na mesma medida de sua significação para os especialistas na matéria.

Signo do "eu" real, do temperamento que temos em nossa vida adulta, o ascendente é determinado pelo planeta que se elevava no céu — daí seu nome, ascendente — na hora exata do nascimento de uma pessoa.

Primeira casa do mapa zodiacal pessoal do ser humano, o ascendente é calculado com base no exato instante do nascimento, quando o ser humano, ao vir à luz, inspira pela primeira vez e toma contato, pelo oxigênio que lhe infla os pulmões, com o mundo a sua volta, desligando-se do útero materno.

Isso mostra a importância de se descobrir o momento mais exato em que tal fato ocorreu. Para entender melhor a noção de signo ascendente, devemos ter em conta que, em seu movimento de rotação, a Terra percorre ao longo das 24 horas do dia os 12 signos do zodíaco e, a cada duas horas aproximadamente, ocorre a mudança do signo que sobe no chamado "horizonte oriental", onde nasce o Sol.

A presença desse signo em nosso mapa de características determina a base de todo mapa astral, por simbolizar o "eu" real, instintivo, oculto e determinante de nossos impulsos e motivações interiores.

É o nosso temperamento, a forma real de nos comportarmos e aquela que a cultura oriental classifica de "personalidade do coração". Se o nosso signo solar revela nossa individualidade, a nossa forma inconsciente de ser é determinada exatamente por esse signo complementar, o ascendente.

É a combinação desses dois signos que faz da pessoa uma individualidade distinta e mostra que, mesmo nascendo em um mesmo signo, duas ou mais pessoas serão em sua vida bem diferentes ao somarem elementos distintos de suas características.

Com base nesse estudo e na determinação do signo que rege a personalidade interior da pessoa, vamos ter alguns dados que complementam a análise sobre nossa maneira de ser e reagir diante do mundo.

Cláudia Hollander, um dos maiores nomes da astrologia na América Latina, afirma que "o ascendente, ou casa um, é a constituição física, o caráter e o temperamento fundamental" de uma pessoa. E afirma ainda que o nosso signo solar, este que todos conhecemos e que nos é dado pelo dia e mês do nas-

VIRGEM – COLEÇÃO VOCÊ E SEU SIGNO ♍ 143

cimento, "é o nosso eu manifesto, nossa vontade consciente e assumida, mas as motivações mais profundas e inconscientes, impulso básico da personalidade", estão no ascendente que se associa ao momento da vinda da pessoa à vida extracorpórea no exato instante em que nascemos e começamos a respirar com força própria.

Por isso, determinar corretamente o ascendente é muito importante em qualquer estudo sobre nossas características e forma de usá-las em proveito de nosso cotidiano.

Como calcular o ascendente

Para encontrar o signo ascendente, é preciso que se conheça, da forma mais exata possível, o momento do nascimento. De posse da hora e minuto, dia, mês e ano, como primeiro passo, deve-se verificar na Tabela 1 se nesse período vigorava o horário de verão para a cidade onde ocorreu o nascimento. Nesta tabela, estão listados os locais e ocasiões em que, no Brasil, os relógios foram adiantados em uma hora.

Se o nascimento se deu em um dos períodos de vigência do horário de verão, a pessoa deve, como primeiro cuidado, proceder à subtração de uma hora no horário de nascimento que consta em seus documentos.

Assim, por exemplo, se uma pessoa nasceu na região Sudeste, no dia 2 de fevereiro de 1965, às

18h30, quando vigorava o horário de verão, todo o cálculo do Ascendente deverá ser feito com a subtração inicial de uma hora no horário registrado na certidão de nascimento ou de batismo. Assim, o horário real para o local de nascimento da pessoa deste exemplo será 17h30.

Feito o ajuste quanto ao horário de verão, deverão ser seguidos os seguintes passos para se encontrar o momento em que foi determinado o ascendente.

1º passo — Uma vez conhecidos o horário real e local em que a pessoa nasceu é preciso determinar a "hora local" do nascimento, um procedimento simples, que indicará, com as correções em minutos para aquele ponto específico do país, a hora-base de todo o cálculo. Para isso, utiliza-se a Tabela 2, em que figuram a correção e a latitude em graus das capitais dos estados brasileiros. Para encontrar a hora local de nascimento, primeiramente deve ser feita a correção da hora real e local, somando ou subtraindo o tempo indicado nessa tabela.

Para o exemplo indicado, de pessoa que nasceu às 17h30 do dia 2 de fevereiro de 1965, na cidade do Rio de Janeiro, deverão ser somados, como mostra a Tabela 2, mais sete minutos a esse horário. Dessa forma, obtém-se a hora local de 17h37.

2º passo — De posse da hora local de nascimento, ou seja, 17h37 no exemplo dado, deve-se somar esse número ao da "hora sideral" que se encontra na Tabela 3, para cada dia e mês do nascimento. Para isso,

VIRGEM – COLEÇÃO VOCÊ E SEU SIGNO ♍ 145

basta cruzar o dia do mês (localizado na coluna vertical à esquerda) com o mês do nascimento (localizado na coluna horizontal à direita). Dessa forma, obtém-se o horário específico, chamado hora sideral. Portanto, no exemplo dado, a hora sideral será 20h49.

Em seguida, deve-se determinar a "hora sideral individual". Nesse caso, soma-se a hora sideral (encontrada na Tabela 3) com a hora local (encontrada no primeiro passo com a Tabela 2). Para o exemplo dado, deve-se, então, somar 20h49 (hora sideral) com 17h37 (hora local). Assim, o resultado obtido é de 37h86.

Convertendo-se os 86 minutos em hora, chega-se ao resultado de 38h26. Como esse número é superior às 24 horas do dia, é preciso subtrair dele 24 horas, o que determina a hora sideral individual de 14h26.

Esse é o horário que vai determinar o ascendente e é a hora sideral individual de nascimento da pessoa do exemplo. Se o número encontrado na soma da hora local com a hora sideral da Tabela 3 fosse inferior a 24 horas, não haveria a subtração de 24 horas e se passaria direto ao cálculo do ascendente, como explicado no passo seguinte.

3º passo — Conhecida a hora sideral individual de nascimento, deve-se voltar à Tabela 2 para que seja encontrado o grau de latitude sul que vale para o local de nascimento. Nessa tabela, estão indicados os graus de latitude de cada uma das capitais brasileiras.

No exemplo dado, a pessoa nasceu no Rio de Janeiro, cidade que se situa a 23 graus de latitude sul. Na Tabela 4, estão relacionados, na parte superior, os graus diferentes que prevalecem em nosso cálculo.

Determinado o grau mais próximo daquele da cidade em que a pessoa nasceu, deve-se percorrer a Tabela 4, de cima para baixo, na coluna desse grau, até se encontrar a hora sideral individual do nascimento.

À esquerda na tabela, figura o signo ascendente. No exemplo dado, para a pessoa que nasceu no Rio de Janeiro (23 graus) e tem a hora sideral de 14h26 o signo ascendente é Câncer, que prevalecia para o Rio de Janeiro, entre 13h10 e 14h39.

VIRGEM – COLEÇÃO VOCÊ E SEU SIGNO ♍ 147

Tabela 1 — Horário de Verão

Períodos em que foi adotado no Brasil o horário de verão, de acordo com os decretos do governo federal que mudam a hora legal em diversas regiões.

03.10.1931 às 11h até 31.03.1932 às 24h
03.10.1932 à 00h até 31.03.1933 às 24h
01.12.1949 à 00h até 15.04.1950 às 24h
01.12.1950 à 00h até 31.03.1951 às 24h
01.12.1951 à 00h até 31.03.1952 às 24h
01.12.1952 à 00h até 28.02.1953 às 24h
23.10.1963 à 00h até 01.03.1964 às 24h[1]
09.12.1963 à 00h até 01.03.1964 à 00h[2]
31.01.1965 à 00h até 31.03.1965 às 24h
01.12.1965 à 00h até 31.03.1966 à 00h
01.11.1966 à 00h até 28.02.1967 às 24h
01.11.1967 à 00h até 29.02.1968 às 24h
02.11.1985 à 00h até 14.03.1986 às 24h
25.10.1986 à 00h até 13.02.1987 às 24h
25.10.1987 à 00h até 06.02.1988 às 24h
16.10.1988 à 00h até 28.01.1989 às 24h[3]
15.10.1989 à 00h até 10.02.1990 às 24h[4]
21.10.1990 à 00h até 17.02.1991 às 24h[5]
20.10.1991 à 00h até 09.02.1992 às 24h[5]
25.10.1992 à 00h até 30.01.1993 às 24h[5]
17.10.1993 à 00h até 19.02.1994 às 24h[6]
16.10.1994 à 00h até 18.02.1995 às 24h[5]
15.10.1995 à 00h até 10.02.1996 às 24h[7]
06.10.1996 à 00h até 15.02.1997 às 24h[8]
06.10.1997 à 00h até 01.03.1998 à 00h[8]
11.10.1998 à 00h até 20.01.1999 às 24h[8]
03.10.1999 à 00h até 26.02.2000 às 24h[8]
08.10.2000 à 00h até 17.02.2001 às 24h
18.10.2001 à 00h até 16.02.2002 às 24h

O horário de verão foi decretado apenas para SP, RJ, MG e ES.
[2] Válido em todo o território nacional.
[3] Todo o país, exceto os estados do AC, AM, PA, RR, RO e AP.
[4] Regiões Sul, Sudeste, Centro-Oeste, Nordeste, no estado de TO e nas ilhas oceânicas.
[5] Válido nos estados de SC, RS, PR, SP, RJ, ES, MG, GO, MS, BA, MT e no DF.
[6] Regiões Sul, Sudeste, Centro-Oeste, nos estados da BA, AM e no DF.
[7] Regiões Sul, Sudeste, Centro-Oeste, nos estados da BA, SE, AL e TO.
[8] Válido nos estados de RS, SC, PR, ES, MG, BA, GO, MT, MS, TO e no DF.
[9] Válido nos estados de RS, SC, PR, SP, RJ, ES, MG, GO, MT, MS, TO, BA, SE, AL, PE, PB, RN, CE, PI, MA e no DF.

148 MAX KLIM

Tabela 2 — Correção Horária e Latitudes em Graus das Capitais Brasileiras

Cidade	Correção horária	Latitude
Aracaju (SE)	+ 32 min	10°
Belém (PA)	– 14 min	2°
Belo Horizonte (MG)	+ 4 min	19°
Boa Vista (RR)	– 3 min Norte	3° Norte
Brasília (DF)	– 12 min	15°
Cuiabá (MT)	+ 16 min	15°
Curitiba (PR)	– 17 min	25°
Florianópolis (SC)	– 14 min	28°
Fortaleza (CE)	+ 26 min	3°
Goiânia (GO)	– 17 min	16°
João Pessoa (PB)	+ 40 min	7°
Macapá (AP)	– 24 min	0° Equador
Maceió (AL)	+ 37 min	9°
Manaus (AM)	00 min	3°
Natal (RN)	+ 39 min	5°
Palmas (TO)	– 17 min	11°
Porto Alegre (RS)	– 25 min	30°
Porto Velho (RO)	– 16 min	9°
Recife (PE)	+ 40 min	8°
Rio Branco (AC)	+ 29 min	10°
Rio de Janeiro (RJ)	+ 7 min	23°
Salvador (BA)	+ 26 min	13°
São Luís (MA)	+ 3 min	3°
São Paulo (SP)	– 6 min	23°
Teresina (PI)	+ 9 min	5°
Vitória (ES)	+ 19 min	20°

VIRGEM – COLEÇÃO VOCÊ E SEU SIGNO ♍ 149

Tabela 3 — Hora Sideral

DIA	JAN	FEV	MAR	ABR	MAI	JUN	JUL	AGO	SET	OUT	NOV	DEZ
1	18h42	20h45	22h39	0h41	2h39	4h42	6h36	8h38	10h40	12h40	14h41	16h40
2	18h46	20h49	22h43	0h45	2h43	4h46	6h40	8h42	10h44	12h44	14h45	16h43
3	18h50	20h53	22h47	0h49	2h47	4h50	6h44	8h46	10h48	12h48	14h49	16h47
4	18h54	20h57	22h51	0h53	2h51	4h54	6h48	8h50	10h52	12h52	14h53	16h51
5	18h58	21h00	22h55	0h57	2h55	4h57	6h52	8h54	10h56	12h55	14h57	16h55
6	19h02	21h04	22h59	1h01	2h59	5h01	6h56	8h58	11h00	12h58	15h01	16h59
7	19h06	21h08	23h03	1h05	3h03	5h05	7h00	9h02	11h04	13h02	15h05	17h03
8	19h10	21h12	23h07	1h09	3h07	5h09	7h04	9h06	11h08	13h06	15h09	17h07
9	19h14	21h16	23h11	1h13	3h11	5h13	7h08	9h10	11h12	13h10	15h13	17h11
10	19h18	21h20	23h14	1h17	3h15	5h17	7h12	9h14	11h16	13h14	15h17	17h15
11	19h22	21h24	23h18	1h21	3h19	5h21	7h15	9h18	11h20	13h18	15h21	17h19
12	19h26	21h28	23h22	1h25	3h23	5h25	7h19	9h22	11h24	13h22	15h24	17h23
13	19h30	21h32	23h26	1h29	3h27	5h29	7h23	9h26	11h28	13h26	15h28	17h27
14	19h34	21h36	23h30	1h32	3h31	5h33	7h27	9h30	11h32	13h30	15h32	17h31
15	19h38	21h40	23h34	1h36	3h35	5h37	7h31	9h33	11h36	13h34	15h36	17h34
16	19h42	21h44	23h38	1h40	3h39	5h41	7h35	9h37	11h40	13h38	15h40	17h38
17	19h46	21h48	23h42	1h44	3h43	5h45	7h39	9h41	11h44	13h42	15h44	17h42
18	19h49	21h52	23h46	1h48	3h47	5h49	7h43	9h45	11h48	13h46	15h48	17h46
19	19h53	21h56	23h50	1h52	3h50	5h53	7h47	9h49	11h52	13h50	15h52	17h50
20	19h57	22h00	23h54	1h56	3h54	5h57	7h51	9h53	11h55	13h54	15h56	17h54
21	20h02	22h04	23h58	2h00	3h58	6h01	7h55	9h57	11h58	13h58	16h00	17h58
22	20h06	22h08	0h02	2h04	4h02	6h05	7h59	10h01	12h02	14h02	16h04	18h02
23	20h10	22h12	0h06	2h06	4h06	6h09	8h03	10h05	12h06	14h06	16h08	18h06
24	20h14	22h16	0h10	2h12	4h10	6h13	8h07	10h09	12h10	14h10	16h12	18h10
25	20h18	22h20	0h14	2h16	4h14	6h17	8h11	10h13	12h14	14h14	16h16	18h14
26	20h22	22h24	0h18	2h20	4h18	6h21	8h15	10h17	12h18	14h18	16h20	18h18
27	20h26	22h27	0h23	2h24	4h22	6h24	8h19	10h21	12h22	14h22	16h24	18h22
28	20h30	22h31	0h26	2h28	4h26	6h28	8h23	10h25	12h26	14h26	16h28	18h26
29	20h33	22h35	0h30	2h32	4h30	6h32	8h26	10h29	12h30	14h29	16h32	18h30
30	20h37		0h34	2h36	4h34	6h36	8h30	10h33	12h36	14h33	16h36	18h34
31	20h41		0h37		4h38		8h34	10h37		14h37		18h38

Tabela 4 — Signo Ascendente

	lat. 5°	lat. 10°	lat. 15°	lat. 20°	lat. 25°	lat. 30°	
das	06:00	06:00	06:00	06:00	06:00	06:00	Áries
às	07:59	08:04	08:09	08:14	08:19	08:24	
das	08:00	08:05	08:10	08:15	08:20	08:25	Touro
às	09:59	10:09	10:19	10:29	10:39	10:49	
das	10:00	10:10	10:20	10:30	10:40	10:50	Gêmeos
às	12:19	12:29	12:39	12:49	12:59	13:09	
das	12:30	12:40	12:50	13:00	13:10	13:10	Câncer
às	13:39	13:54	14:09	14:24	14:39	14:54	
das	13:40	13:55	14:10	14:25	14:40	14:55	Leão
às	15:39	15:49	15:59	16:09	16:19	16:29	
das	15:40	15:50	16:00	16:10	16:20	16:30	Virgem
às	17:59	17:59	17:59	17:59	17:59	17:59	
das	18:00	18:00	18:00	18:00	18:00	18:00	Libra
às	20:19	20:09	19:59	19:49	19:39	19:29	
das	20:20	20:10	20:00	19:50	19:40	19:30	Escorpião
às	22:19	22:04	21:49	21:34	21:19	21:04	
das	22:20	22:05	21:50	21:35	21:20	21:05	Sagitário
às	23:39	23:29	23:19	23:09	22:59	22:49	
das	23:40	23:30	23:20	23:10	23:00	22:50	Capricórnio
à	01:59	01:49	01:39	01:29	01:19	01:09	
das	02:00	01:50	01:40	01:30	01:20	01:10	Aquário
às	03:59	03:54	03:49	03:49	03:39	03:34	
das	04:00	03:55	03:50	03:45	03:40	03:35	Peixes
às	05:59	05:59	05:59	05:59	05:59	05:59	

As combinações de Virgem
e o ascendente

Elemento fundamental para que se determine o temperamento do nativo, especialmente em sua maturidade, o signo ascendente permite combinações de características dos signos que atenuam ou intensificam influências sobre o nativo.

Por isso, é muito importante a análise combinada desses elementos, para se chegar a um quadro mais realista das características de uma pessoa, levando-se em conta o fato de que o ascendente atua diretamente sobre o "eu" interior, a forma de se expressar diante do mundo e os talentos e tendências que guardamos para nós mesmos.

Daí a importância da consideração do signo ascendente na análise de características, o que deve ser feito com cautela, pois, muitas vezes, uma diferença de poucos minutos pode mudar de forma sensível o cálculo para encontrá-lo, levando a pessoa a erros e comprometendo sua determinação exata.

Tradicionalmente, nos acostumamos a considerar correto e definitivo como nosso horário de nascimento aquele que consta em nossa certidão de registro civil, embora tal dado não seja inteiramente confiável, em razão da tendência de se "arredondarem" os horários.

Essa tendência existe no Brasil, notadamente no

interior, e, poucas vezes, as pessoas anotam com exatidão o momento da primeira inspiração que a criança faz ao nascer. Por vezes, se a criança nasce, por exemplo, às 22h32, é registrada como tendo nascido às 22h00. Isso pode levar a um cálculo inteiramente errado do ascendente. Por isso, é importante obter a informação, com pessoas mais íntimas, do exato momento do nascimento, antes da realização desse cálculo.

As combinações do signo solar com o signo ascendente sugerem as seguintes características adicionais para o nativo de Virgem:

Virgem com ascendente em:

Áries ♈ A combinação entre os dois signos dá ao nativo maior coragem e franqueza, alterando sensivelmente sua maneira de ser e agir. Sua força de vontade é ampliada e ele ganha em determinação e entusiasmo. Surgem elementos que destacam um senso aventureiro que habitualmente não existe em Virgem. O nativo, com isso, se torna mais empreendedor e idealista e sua mente bem mais ágil e criativa. Seus conflitos surgem do choque entre a ambição e a impulsividade arietinas e o comedimento virgiano. No amor, o nativo busca a exuberância.

Touro ♉ A influência taurina em Virgem se dá no aumento acentuado do sentido prático e da meticulo-

VIRGEM – COLEÇÃO VOCÊ E SEU SIGNO ♍ 153

sidade que o nativo mostra em seu modo de agir. A pressa virgiana é contida e o realismo de Touro proporciona excelente complemento à sua personalidade. Para o nativo com esta ascendência, o sentido de se obter tranqüilidade na vida é mais desenvolvido. A sua mente se torna mais ágil e sua busca de segurança pessoal e material é sensivelmente maior. O relacionamento social ganha importância para Virgem, que passa a mostrar possessividade, romantismo no amor e tino comercial.

Gêmeos ♊ A influência da ascendência geminiana confere maior profundidade ao raciocínio virgiano, tornando-o atilado e crítico, com uma versatilidade muito grande. Sua comunicação com o mundo se faz de forma mais fácil e o nativo mostra também uma forte inquietação, maior capacidade de se distrair e momentos em que busca recolher-se em si mesmo. Ele procura maior independência e segurança, e os seus interesses por novos conhecimentos são muito acentuados e ampliados. O amor exerce grande fascínio sobre ele, que se mostra mais alegre e extrovertido.

Câncer ♋ Esta combinação une dois signos que guardam muita coisa em comum e dá ao virgiano maior sensibilidade e uma noção de família muito mais intensa. A fixação do nativo com a estabilidade profissional se acentua, pois o seu apego ao trabalho é realçado, assim como a sua busca por segurança material. O nativo atenua sua perspectiva detalhista do mundo e passa a ver um pouco mais do conjunto. Crescem seu senso humanitário e seu respeito pelos outros. No amor, é mais conservador e tradicionalista.

Leão ♌ A combinação entre Leão e Virgem proporciona ao nativo com este ascendente um caráter perfeccionista e muito mais extrovertido. Seu dinamismo e senso de liderança são bem ampliados. O virgiano se mostra muito mais organizado e meticuloso por conta do dinamismo que lhe confere Leão. A autoconfiança e o espírito dominador do nativo crescem. A determinação e a visão do mundo ganham amplitude e racionalidade e, com isso, ele se torna bem-sucedido naquilo que empreende.

Virgem ♍ As influências concentradas no duplo virgiano mostram que as principais características do signo são muito acentuadas neste caso, a ponto de torná-lo um perfeccionista exigente, um observador acentuadamente detalhista, assim como um crítico extremado. Mostra um apego demasiado às suas ocupações profissionais e é um organizador insuperável. Tende mais à introspecção e se faz mais fechado que o habitual. É muito confiável, honesto e íntegro. Seus sentimentos o levam à melancolia mesclada com suavidade e ternura insuperáveis.

Libra ♎ A proximidade dos dois signos, neste caso específico, faz do virgiano um beneficiário privilegiado da influência libriana que o torna bem mais equilibrado, justo e seguro, quebrando a natural rigi-

VIRGEM – COLEÇÃO VOCÊ E SEU SIGNO ♍ 155

dez e fixação do signo. Sua inteligência ganha em poder de análise e suas avaliações tendem a mostrar maior justiça. Surge uma certa indecisão ao definir seus rumos. A praticidade do signo é acentuada pelo aumento da sensibilidade na aplicação de seus conceitos. O seu refinamento é maior, assim como seu gosto pela perfeição.

Escorpião ♏ Com a influência escorpiana, o nativo de Virgem ganha em capacidade dedutiva, na curiosidade e na vocação para detalhar e esmiuçar tudo aquilo em que se empenha. Surge assim um pesquisador de dotes excepcionais e de inteligência arguta. Tem raro potencial criador. A emotividade contida do signo é liberada e o virgiano reage de forma mais passional. Isso se aplica também aos sentimentos que ganham muito mais calor e possessividade. É ciumento e ardoroso. Para os mais íntimos, ele reserva muito mais ternura e participação.

Sagitário ♐ Um grau mais alto de intelectualidade e uma tendência forte ao estudo e ao aprimoramento surgem com esta combinação, que favorece de forma notável o nativo. Seu detalhismo passa a ser dirigido em sentido mais útil e prático e ele ganha mais liberdade de ação. O senso de humor virgiano mostra maiores doses de otimismo e positividade. Surgem elementos que dizem de sensibilidade para religião, misticismo e o oculto. O nativo pode se apresentar dividido e inseguro diante de tantas influências contrárias e conflitantes.

Capricórnio ♑ A composição de dois signos do mesmo elemento, terra, faz por onde ampliar dotes de segurança, rigidez, exigência e determinação do nativo. A tenacidade do virgiano é muito maior e sua busca pelo domínio e poder ganha contornos mais objetivos. Ampliam-se sua prudência e seu senso prático, o que o favorece bastante nos negócios. No entanto, isso o torna bem mais conservador e tradicionalista, conferindo-lhe certa impertinência no trato com as outras pessoas. No amor, busca sua realização com ascensão social.

Aquário ♒ Um acentuado fortalecimento da individualidade surge com a influência de Aquário sobre o virgiano típico. O nativo absorve elementos de visão mais ampla e aberta, aceitação maior de novidades e modernismo. Seu comportamento é menos previsível que o habitual e ele se mostra livre de preconceitos para exprimir sua vontade. Nas relações afetivas, revela um temperamento bem mais aberto e sensível, com emotividade que, embora controlada, supera em muito a que comumente se encontra em Virgem. Seu humanitarismo é latente.

Peixes ♓ Signo oposto a Virgem, quando ascendente, Peixes gera um quadro de sensibilidade muito maior para o nativo, cujas ações ganham em sentido social e humanitário. Mas, ao mesmo tempo, cria conflitos em seu temperamento. A racionalidade virgiana, por vezes muito objetiva, é atenuada e crescem a emoção e o sentido místico do temperamento do nativo. Ele apresenta dotes artísticos, graças a seu senso estético e de beleza. A capacidade de organização decai e o nativo passa a ser, em suas relações, muito mais aberto, acessível e gentil.

Bibliografia

ALVES, Castro. *Espumas flutuantes*. Rio de Janeiro: Ediouro, 1997.

AUSTREGÉSILO, Eliane Lobato. *Como interpretar seu mapa astrológico*. Rio de Janeiro: Tecnoprint, 1981.

BALBACH, A. *As plantas curam*. São Paulo: Edições MVP, 1969.

BECKER, Idel. *Pequena história da civilização ocidental*. São Paulo: Companhia Editora Nacional, 1970.

BENEDETTI, Valdenir. *As quatro estações do homem*. São Paulo: Editora Três, nº 4, nov. de 1986.

——. *Astrologia Hoje*, Todos têm suas fantasias eróticas. São Paulo: Editora Três, nº 5, dez. de 1988.

BISHOP, Jim. *O dia em que Lincoln foi assassinado*. Rio de Janeiro: Record, 1983.

BISHOP, Jim, LACERDA, Carlos. *Esta noite vou matar Lincoln*. Rio de Janeiro: Reader's Digest, v. 6, 1958.

CHANDU, Jack F. *Os signos do zodíaco*. Lisboa: Editorial Presença/Martins Fontes, 1972. 12 v.

DELORME, Renée Jeane, MIOLLA, Hermes. *A cura pelas plantas*. Porto Alegre: Escola Superior de Teologia São Lourenço de Brindes, 1980.

ENCICLOPÉDIA BARSA. Verbetes diversos. Rio de Janeiro: Encyclopaedia Britannica do Brasil Publicações Ltda., 1980.

ENCICLOPÉDIA DELTA LAROUSSE. Verbetes diversos. Rio de Janeiro: Editora Delta, 1980.

ENCICLOPÉDIA LAROUSSE CULTURAL. São Paulo: Nova Cultural, 1998.

ESTUDOS. East-West Astrology Education Partners. Astrology Overview, Internet Home Page. www.astrologyoverview.com (1998/1999).

ETCHEPARE, Rosa M. D. M. Os signos e o modo de amar. *Astrologia Hoje*, São Paulo: Editora Três, nº 5, dez. de 1986.

FACCIOLLO Neto, Antônio, FACCIOLLO, Vera. *Guia astrológico de bolso*.

FREEMAN, Martin. *How to interpret your birth chart*. Nova York: Thorsons Publishing Group, 1981.

GOODMAN, Linda. *Seu futuro astrológico*. 6ª ed. Rio de Janeiro: Record, 1968.

HOLLANDER, Cláudia. Método simplificado para calcular o signo ascendente. *Planeta*, São Paulo: Editora Três, dez. de 1981.

HUNT, Diana. *A astrologia e o amor*. 2ª ed. Rio de Janeiro: Casa Editora Vecchi, 1985.

INSTITUTO PAULISTA DE ASTROLOGIA. São Paulo: Nova Cultural, 1991.

KERSTEN, Holger. *Jesus viveu na Índia*. São Paulo: Best Seller, 1987.

LAROUSSE CULTURAL, GRANDE ENCICLOPÉDIA. Verbetes diversos. São Paulo: Nova Cultural, 1998.

LEE, Dal. *Dicionário de Astrologia*. Nova York: Coronet Communications, Inc, 1968.

MARCH, Marion, MC EVERS, Joan. *Curso básico de astrologia*. 10ª ed. São Paulo: O Pensamento, 1981. 3º vol.

VIRGEM – COLEÇÃO VOCÊ E SEU SIGNO ♍ 161

OKEN, Alan. *Astrologia: evolução e revolução*. Rio de Janeiro. Nova Fronteira, 1973.

PINTONELLO, Aquiles. *Os papas — Síntese histórica*. São Paulo: Paulinas, 1986.

REVISTA ASTRAL. Rio de Janeiro: Rio Gráfica Editora, ano II, nº 2, dez. de 1985.

SAKOIAN, Frances, ACKER, Louis S. *O manual do astrólogo*. São Paulo: Ágora, 1993.

SURBECK, Edwin. *O horóscopo de Jesus*. Editora Esotera. Berlim: 1986

VALADÃO, Alfredo. *Vultos nacionais*. 2ª ed. Rio de Janeiro: Freitas Bastos, 1974.

VÁRIOS AUTORES. *A sua sorte — Astrologia em fascículos*. São Paulo: Nova Cultural, 1985.

VÁRIOS AUTORES. *Curso prático de astrologia* (fascículos). Rio de Janeiro: Globo, 1988.

VÁRIOS AUTORES. *Scuola di astrologia* (fascículos). Roma/Milão. Edições Longanesi & C. Periodici/ Mondadori, 1985.

VÁRIOS AUTORES. *Zodiac. Datura Verlagsanstalt*. Berlim: Edições Triesenberg, 1972.

O autor

Com o pseudônimo Max Klim, o jornalista Carlos Alberto Lemes de Andrade é o responsável, há mais de três décadas, pelo horóscopo do *Jornal do Brasil* e de diversos órgãos diários da imprensa brasileira.

Primeiro jornalista especializado em astrologia no país, além da coleção *Você e Seu Signo* em doze volumes, o autor escreve obra sobre a Era de Aquário, sob o título provisório de *Aquário: o enigma das eras*, um dos mais profundos estudos sobre as eras astrológicas e as mudanças que vive a espécie humana.

Jornalista, advogado, administrador de empresas e professor de história, Carlos Alberto nasceu em Campanha (MG) em 27 de março de 1943. Ingressou no jornalismo em 1960, em Ituiutaba, no Triângulo Mineiro, transferindo-se posteriormente para o Rio de Janeiro, onde foi, por 16 anos, funcionário do Sistema JB, ocupando funções de gerência na Agência JB.

Colunista de filatelia e responsável pelo horóscopo do Jornal do Brasil, além de seu colaborador eventual, foi tradutor da agência soviética Novosti, redator de verbetes dos livros do ano da *Enciclopédia Delta Larousse*, redator da *Revista Bolsa*, colaborador de diversos jornais, executivo Regional Sul da The United Press International e editor de jornais em Minas Gerais.

Historiador e autor das pesquisas históricas "Chibatas da liberdade", sobre a Inconfidência Mineira, e "Negro de guerra", sobre a Guerra do Paraguai, por tais estudos recebeu a medalha dos 200 anos da Inconfidência Mineira.

Atualmente, mantém páginas sobre astrologia em diversos *sites* da Internet, além de sua própria *home page* no endereço www.maxklim.com.

Seja um Leitor Preferencial Record
e receba informações sobre nossos lançamentos.
Escreva para
RP Record
Caixa Postal 23.052
Rio de Janeiro, RJ – CEP 20922-970
dando seu nome e endereço
e tenha acesso a nossas ofertas especiais.

Válido somente no Brasil.

Ou visite a nossa *home page*:
http://www.record.com.br